1 MONTH OF
FREE
READING

at
www.ForgottenBooks.com

By purchasing this book you are eligible for one month membership to ForgottenBooks.com, giving you unlimited access to our entire collection of over 1,000,000 titles via our web site and mobile apps.

To claim your free month visit:
www.forgottenbooks.com/free1286876

ISBN 978-0-364-96419-4
PIBN 11286876

Sammlung Göschen

———

h

von

Halm

lit

Sammlung Göschen

Je in elegantem Leinwandband 80 Pf.

G. J. Göschen'sche Verlagshandlung, Leipzig.

Integralrechnung von Dr. Friedr. Junker, Professor am Karlsgymn. in Stuttgart. Mit 89 Fig. Nr. 88.

— Repetitorium und Aufgabensammlung zur Integralrechnung von Dr. Friedrich Junker, Professor am Karlsgymnasium in Stuttgart. Mit 50 Figuren. Nr. 147.

Kartenkunde, geschichtlich dargestellt von E. Gelcich, Direktor der k. k. Nautischen Schule in Lussinpiccolo und H. Sauter, Professor am Realgymnasium in Ulm, neu bearbeitet von Dr. Paul Dinse, Assistent der Gesellschaft für Erdkunde in Berlin. Mit 70 Abbildungen. Nr. 30.

Kirchenlied. Martin Luther, Thom. Murner, und das Kirchenlied im 16. Jahrhunderts. Ausgewählt und mit Einleitungen und Anmerkungen versehen von Professor G. Berlit, Oberlehrer am Nikolaigymnasium zu Leipzig. Nr. 7.

Klimalehre von Professor Dr. W. Köppen, Meteorologe der Seewarte Hamburg. Mit 7 Tafeln und 2 Figuren. Nr. 114.

Kolonialgeschichte von Dr. Dietrich Schäfer, Professor der Geschichte an der Universität Berlin. Nr. 156.

Kompositionslehre. Musikalische Formenlehre von Stephan Krehl. I. II. Mit vielen Notenbeispielen. Nr. 149. 150.

Körper, der menschliche, sein Bau und seine Tätigkeiten, von E. Rebmann, Oberrealschuldirektor in Freiburg i. B. Mit Gesundheitslehre von Dr. med. H. Seiler. Mit 47 Abbildungen und 1 Tafel. Nr. 18.

Kristallographie von Dr. W. Bruhns, Professor an der Universität Straßburg. Mit 190 Abbild. Nr. 210.

Kudrun und Dietrichepen. Mit Einleitung und Wörterbuch von Dr. O. L. Jiriczek, Professor an der Universität Münster. Nr. 10.

— — siehe auch: Leben, Deutsches, im 12. Jahrhundert.

Kultur, Die, der Renaissance. Gesittung, Forschung, Dichtung von Dr. Robert F. Arnold, Privatdozent an der Universität Wien. Nr. 189.

Kulturgeschichte, Deutsche, von Dr. Reinh. Günther. Nr. 56.

Künste, Die graphischen, von Carl Kampmann, Fachlehrer a. d. k. k. Graphischen Lehr- und Versuchsanstalt in Wien. Mit zahlreichen Abbildungen und Beilagen. Nr. 75.

Kurzschrift siehe: Stenographie.

Länderkunde von Europa von Dr. Franz Heiderich, Professor am Francisco-Josephinum in Mödling. Mit 14 Textkärtchen und Diagrammen und einer Karte der Alpeneinteilung. Nr. 62.

— **der außereuropäischen Erdteile** von Dr. Franz Heiderich, Prof. a. Francisco-Josephinum in Mödling. Mit 11 Textkärtchen u. Profil. Nr. 63.

Landeskunde von Baden von Prof. Dr. O.Kienitz in Karlsruhe. M.Profil. Abbildungen und 1 Karte. Nr. 199.

— **des Königreichs Bayern** von Dr. W. Götz, Professor an der Kgl. Techn. Hochschule München. Mit Profilen, Abbild. u. 1 Karte. Nr. 176.

— **von Elsaß-Lothringen** von Prof. Dr. R. Langenbeck in Straßburg i. E. Mit 11 Abbildgn. u. 1 Karte. Nr. 215.

— **der Iberischen Halbinsel** von Dr. Fritz Regel, Professor an der Universität Würzburg. Mit 8 Kärtchen und 8 Abbildung. im Text und 1 Karte. in Farbendruck. Nr. 235.

— **von Österreich-Ungarn** von Dr. Alfred Grund, Privatdozent an der Universität Wien. Mit 10 Textillustration. und 1 Karte. Nr. 244.

— **des Königreichs Sachsen** v. Dr. J. Zemmrich, Oberlehrer am Realgymnas. in Plauen. Mit 12 Abbildungen u. 1 Karte. Nr. 258.

— **von Skandinavien** (Schweden, Norwegen u. Dänemark) von Heinr. Kerp, Lehrer am Gymnasium und Lehrer der Erdkunde am Comenius-Seminar zu Bonn. Mit 11 Abbild. und 1 Karte. Nr. 202.

Sammlung Göschen

Je in elegantem Leinwandband **80 Pf.**

G. J. Göschen'sche Verlagshandlung, Leipzig.

Landeskunde des Königreichs Württemberg v. Dr. Kurt Haffert, Professor d. Geographie an der Handelshochschule in Köln. Mit 16 Vollbildern und 1 Karte. Nr. 157.

Landwirtschaftliche Betriebslehre von Ernst Langenbeck in Bochum. Nr. 227.

Leben, Deutsches, im 12. Jahrhundert. Kulturhistorische Erläuterungen zum Nibelungenlied und zur Kudrun. Von Professor Dr. Jul. Dieffenbacher in Freiburg i. B. Mit 1 Tafel und 30 Abbildungen. Nr. 93.

Lessings Emilia Galotti. Mit Einleitung und Anmerkungen von Prof. Dr. W. Votsch. Nr. 2.

— **Minna v. Barnhelm.** Mit Anm. von Dr. Tomaschek. Nr. 5.

Licht. Theoretische Physik II. Teil: Licht und Wärme. Von Dr. Gust. Jäger, Professor an der Universität Wien. Mit 47 Abbildungen. Nr. 77.

Literatur, Althochdeutsche, mit Grammatik, Übersetzung und Erläuterungen von Th. Schauffler, Professor am Realgymnasium in Ulm. Nr. 28.

Literaturdenkmäler des 14. u. 15. Jahrhunderts. Ausgewählt und erläutert von Dr. Hermann Jantzen in Breslau. Nr. 181.

— **des 16. Jahrhunderts I: Martin Luther, Thom. Murner u. das Kirchenlied des 16. Jahrhunderts.** Ausgewählt und mit Einleitungen und Anmerkungen versehen von Prof. G. Berlit, Oberlehrer am Nikolaigymnasium zu Leipzig. Nr. 7.

— **II: Hans Sachs.** Ausgewählt und erläutert von Prof. Dr. Jul. Sahr, Oberlehrer a. D. am Kgl. Kadettenkorps zu Dresden. Nr. 24.

Literaturen, Die, des Orients. I. Teil: Die Literaturen Ostasiens und Indiens v. Dr. M. Haberlandt, Privatdozent an der Universität Wien. Nr. 162.

— II. Teil: Die Literaturen der Perser, Semiten und Türken, von Dr. M. Haberlandt, Privatdozent an der Universität Wien. Nr. 163.

Literaturgeschichte, Deutsche, von Dr. Max Koch, Professor an der Universität Breslau. Nr. 31.

— **Deutsche, der Klassikerzeit** von Carl Weitbrecht, Professor an der Technischen Hochschule Stuttgart. Nr. 161.

— **Deutsche, des 19. Jahrhunderts** von Carl Weitbrecht, Professor an der Technischen Hochschule Stuttgart. I. II. Nr. 134. 135.

— **Englische,** von Dr. Karl Weiser in Wien. Nr. 69.

— **Griechische,** mit Berücksichtigung der Geschichte der Wissenschaften von Dr. Alfred Gercke, Professor an der Universität Greifswald. Nr. 70.

— **Italienische,** von Dr. Karl Voßler, Professor a. d. Universität Heidelberg. Nr. 125.

— **Portugiesische,** von Dr. Karl von Reinhardstoettner, Professor an der Kgl. Technischen Hochschule in München. Nr. 213.

— **Römische,** von Dr. Hermann Joachim in Hamburg. Nr. 52.

— **Russische,** von Dr. Georg Polonskij in München. Nr. 166.

— **Spanische,** von Dr. Rudolf Beer in Wien. I. II. Nr. 167. 168.

Fortsetzung auf der 8. Vorsatzseite!

Sammlung Göschen

Harmonielehre

von

A. Halm

Πάντα ῥεῖ

Neudruck

———— ✥ ————

Leipzig

G. J. Göschen'sche Verlagshandlung

1905

Literatur.

Bähr, Otto, Das Tonsystem unserer Musik, Leipzig 1882, Mk. 6.—.

Bischoff, Harmonielehre, Mainz 1890, Mk. 10.—, geb. Mk. 12.—.

Bußler, Praktische Harmonielehre, 5. Auflage, Berlin 1903, Mk. 4.—, geb. in Schulbd. Mk. 4.50, in Halbfrz. Mk. 5.50.

Habert, J. E., Harmonielehre, Leipzig 1899, Mk. 6.—, geb. Mk. 7.—.

Hohmann, Harmonie= und Generalbaßlehre, 5. Aufl., Nürnberg 1876, Mk. 6.—.

Jadassohn, Lehrbuch der Harmonie, 7. Aufl., Leipzig 1903, Mk. 4.—, geb. in Schulbd. Mk. 4.50, in Leinw. Mk. 5.—.

Marx, Lehre von der musikalischen Komposition, neu bearbeitet von Riemann, 2 Bde., 9., bzw. 7. Aufl. 1887, à Mk. 12.—, geb. à Mk. 13.50.

Paul, Oskar, Lehrbuch der Harmonik, 2. Aufl., Leipzig 1894, Mk. 4.—, geb. Mk. 5.20.

Richter, E. F., Lehrbuch der Harmonie, 22. Aufl., Leipzig 1900, Mk. 3.—, geb. in Schulbd. Mk. 3.50, in Leinw. Mk. 4.—.

Riemann, Geschichte der Musiktheorie im IX. bis XIX. Jahrhundert, Leipzig 1898, Mk. 10.—.

    „   Handbuch der Harmonielehre, 3. Aufl. Leipzig 1898, Mk. 5.—, geb. in Schulbd. Mk. 5.50, fein geb. Mk. 6.—.

    „   Vereinfachte Harmonielehre, London 1893, Mk. 2.50.

    „   Katechismus der Harmonielehre, 2. Aufl., Leipzig 1900, Mk. 1.50, geb. Mk. 1.80.

    „   Anleitung zum Generalbaßspielen, 2. Aufl., Leipzig 1903, Mk. 1.50, geb. Mk. 1.80.

Rietsch, H., Die Tonkunst in der zweiten Hälfte des 19. Jahrhunderts, Leipzig 1900, Mk. 4.—.

Thiersch, Kurze praktische Generalbaß=, Harmonie= und Modulationslehre.

Spamersche Buchdruckerei in Leipzig.

Inhaltsübersicht.

Einleitung.

Was war zuerst? Die Melodie oder die Harmonie? Praktisch, historisch unbedingt die erstere; theoretisch gesehen aber gewißlich die letztere. Lange Zeit hat man musiziert, hat Melodien gesungen, ehe man die Harmonie gefunden hat — trotzdem war aber diese die treibende, verborgene Ursache. Man hat auch lange schon und gut genug zu leben verstanden, ehe die Gesetze des menschlichen Organismus aufgedeckt waren — dennoch sind diese für all unser Leben bedingend. Die Melodie, die Musik überhaupt ist Blüte und Frucht von dem Urkeim, ist bewegte Harmonie; diese aber ist das Gesetz dieses sprossenden Lebens. — Alles Geschehen hat seine Gesetze: trotzdem weiß man nie mit Sicherheit vorher, „was kommt": so auch beim musikalischen Geschehen. Ein Variationenwerk bedeutenderen Stils (wie wir solche bei Beethoven finden) überrascht immer durch neue Fälle, welche alle das Thema darstellen und aus dessen Grundharmonien herausgeboren werden. Die ganze Musik aber ist auch nichts anderes als eine ungeheuer erweiterte Variation der musikalischen Urform, d. i. der Kadenz; deren Urkeim aber ist die Dominante mit ihrer inneren Bewegung zur Tonika. Eine Urform, in der nicht schon Bewegung wäre, gibt es überall nicht: πάντα ῥεῖ („alles ist im Fluß").

I. Das dur-Geſchlecht.

Der Dreiklang (dur).

· Wenn der Leſer ſich auf ſeine erſten geregelten muſikaliſchen Übungen zurückbeſinnt, ſo wird ihm wohl das „1 3 5 8" der Singſtunden in der Elementarſchule im Ohr klingen. Unſere Darſtellung gehe von dieſem 1 3 5 8, dem „Dreiklang", aus, als von dem ſchlechthin Gegebenen, dem Axiom der Harmonie. Wir haben dieſe Töne nicht eigentlich erlernt, ſondern als etwas Selbſtverſtändliches ſogleich verſtanden und nachgeſungen. In der Tat gibt es auch nichts, was unmittelbarer einleuchtete als die Zuſammengehörigkeit der Töne, die ſich zu dem „Akkord" (Beiſp. 1) vereinigen. Iſt nicht dieſer Zuſammenklang (die „Harmonie", „Konſonanz") das erſte Entzücken des klavierklimpernden Kindes, welches den ſchönen Fund durch immer wiederholtes Anſchlagen zu genießen ſich lange nicht genug tun kann?

1 3 5 8 iſt eine allgemeine ſchematiſche Bezeichnung, ein durch Zahlen, welche die Stufen der Tonleiter be= deuten, ausgedrücktes Verhältnis. Wir nehmen eine der im Grund unzähligen möglichen Anwendungen (welche auf jeder Klanghöhe ſtatthaben können) heraus, alſo einen konkreten Fall, und zwar den C dur=Dreiklang c̄ ē ḡ (c̄). Der Name Dreiklang bedeutet das Zuſammen= klingen dreier verſchiedener zuſammengehörender Töne.

Das obere $\bar{\bar{c}}$ (8) nämlich ist kein neues Element, sondern die (entbehrliche) Verjüngung, Wiederholung des „Grundtons" c, den man als Unterstimme, Baß bezeichnet. Ob diese Oktave mitgespielt oder weggelassen wird, ändert nichts an der Sache; ja wir können auf dem Klavier beide Hände vollnehmen und die drei Töne des Akkords verdoppeln und verdreifachen mit Oktavwiederholungen: es bleibt der Dreiklang; wir haben damit nicht sein Wesen, sondern nur seine Klangfülle bereichert.

Das c e g steht als Ganzes vor uns, das wir zwar in Teile zerlegen können, das aber nicht aus schon vorher gegebenen Teilen erst künstlich konstruiert wird. Vielmehr haben die Teile ihren Sinn erst durch ihre Beziehung zum Ganzen; das letztere ist von Natur da: das lehrt uns die einfachste Erfahrung. Wenn der Cellist die beiden tiefsten Saiten seines Instruments, groß C und G, zusammenstimmt, so erklingt, mit erreichter vollkommener Reinheit, ein deutliches e (in der „kleinen Oktav"): also die Terz (3). Spielen wir auf dem Flügel allein das große C, so hören wir bei genauem Aufmerken, als ob sie der Reihe nach sanft angestrichen würden, deutlich die Töne:

gespielt: groß C, nachklingend: c (8), g (5), $\bar{c}$ (8) $\bar{e}$ (3), $\bar{g}$ (5) ‖ weiter noch $\bar{b}$ (7), $\bar{\bar{c}}$ (8), $\bar{\bar{d}}$ (9), $\bar{\bar{e}}$, $\bar{\bar{f}}$, $\bar{\bar{g}}$ usw.

Über die weiter hinzukommenden, dem Dreiklang fremden Töne als ebenfalls naturgemäße Bildungen haben wir später zu reden; vorerst machen wir da

---

C bedeutet das große, c das kleine, $\bar{c}$ das eingestrichene, $\bar{\bar{c}}$ das zweigestrichene c.

Halt, wo der Dreiklang erreicht ist. Wir sehen diesen letzteren als von der Natur gegeben und schon in dem einen Grundton enthalten. Die physikalische Er= klärung dafür gehört in das Gebiet der Akustik; wir haben es hier mit der musikalischen Anwendung des Gegebenen zu tun.

Welches sind nun die Teile, in die wir das Ganze zerlegen können? Es ist das c e g nach dem Obigen nicht zu betrachten als eine Addition dreier Töne c + e + g, auch nicht als eine Addition zweier Terzen (c — e) + (e — g), sondern als lebendiges In= und Zueinander, als organisches Verhältnis von c — g und c — e; wir müssen jeden Ton des Dreiklangs auf den Grundton beziehen, aus welchem wir sowohl die Quint c — g als die Terz c — e sich entwickeln sahen. Es fügen sich also nicht drei verschiedene Elemente, sondern die Resultate aus einem Grundton zusammen.

Die übliche Darstellung des Dreiklangs, wie z. B. c̄ ē ḡ, ist schon eine konzentrierte Form, oder ein Ausschnitt der oben angeführten Entwicklungsreihe.

Mit der Zerlegung des Dreiklangs in c — g und c — e kommen wir auf den Begriff der

Intervalle.

Intervallum heißt Zwischenraum. Nun kommt es ja hier, bei einem lebensvollen Verhältnis von Tönen, nicht auf ihren Abstand voneinander an, der nach ihrer Entfernung in der Tonleiter bemessen wird — ist doch die Oktav (8), welche der Leiter nach am weitesten vom Grundton (1) abliegt, mit diesem identisch; ferner sind z. B. Terz und Sext nichts innerlich Verschiedenes, wie wir bald sehen werden: somit ist „Intervall" ein durchaus ungenügender Ausdruck, der aber, einmal gebräuchlich, bleiben mag: man muß nur eben mehr dabei denken, als er ursprünglich besagt.

In der C dur-Tonleiter ist g die fünfte Stufe, heißt deshalb die Quint (quintus tonus, der fünfte), e ist die dritte Stufe (Terz, tertius). Man nennt das Zusammen von $\bar{c}$—$\bar{g}$ „eine Quint", oder sagt auch: $\bar{g}$ ist die Quint von $\bar{c}$. Die Wiederholung des Grundtons, welcher die achte Stufe der Leiter bildet, heißt „Oktav". Der Vollständigkeit halber wird auch der Grundton selbst mit dem Namen eines Intervalls belegt: „Prim", $\bar{c}$—$\bar{c}$, als verdoppelt gedacht. Diese Intervalle: (Prim), Quint (5), Terz (3), Oktav (8) nennt man konsonierend, weil zu der Konsonanz, dem Dreiklang, gehörend. „consonare" heißt „zusammenklingen". In dem Ausdruck ist schon eine Kritik der Art dieses Zusammenklangs enthalten: es klingt schön zusammen; besser: es gehört zusammen. Die Intervalle sind uns „konsonant", weil sie zum Dreiklang gehören; nicht ist uns umgekehrt der letztere Konsonanz, weil er aus konsonierenden Intervallen besteht: die Intervalle vielmehr bestehen durch den Dreiklang — d. h. wir verstehen sie nur in ihrer Beziehung zu diesem.

„Umkehrungen."

Dem ersten Akkord (Beisp. 1) sind zwei andere Formen beigefügt. Es sind dieselben Töne in anderer Anordnung: wir ändern $\bar{c}$—$\bar{e}$—$\bar{g}$ zuerst in $\bar{e}$—$\bar{g}$ —$\bar{c}$, sodann dieses wieder in $\bar{g}$—$\bar{c}$—$\bar{e}$. Dieses Verfahren, das man „Umkehrung" nennt, besteht, wie man sieht, darin, daß immer der untere Ton in die höhere Oktave versetzt wird, während die anderen bleiben.

Das Charakteristische der umgekehrten Akkorde, die man kurz „Umkehrungen" nennt, ist das, daß der eigent= liche Grundton fehlt. Es muß festgehalten werden, daß in dem C dur=Dreiklang ein für allemal c der Grund= ton, g die Quint und e die Terz ist, und daß durch alle veränderten Formen und Lagen daran nichts ge= ändert wird. Bei der ersten Umkehrung ist e, die Terz, im Baß; bei der zweiten die Quint (g); aber c bleibt der ideale Grundton für das Gefühl: weshalb auch keine dieser Umkehrungen selbständigen Wert oder ihre Ruhe in sich hat; es fehlt der Boden, auf dem man sicher steht. Es ist mit aller Absicht angegeben 1) bei $\bar{e}\ \bar{g}\ \bar{\bar{c}}$: 3 — 5 — 8 (nicht 3 — 5 — 1); 2) bei $\bar{g}\ \bar{\bar{c}}\ \bar{\bar{e}}$: 5 — 8 — 3, nicht 5 — 1 — 3; denn das oberhalb oder innerhalb der Quint und Terz liegende $\bar{\bar{c}}$ ist nicht Grundton, sondern dessen Verjüngung; es ist Oktav des virtuellen, nicht ge= spielten, aber gedachten Grundtons, deshalb mit 8 be= zeichnet.

Man mache sich das klar, ehe man sich mit den hergebrachten Bezeichnungen der Umkehrungen abgibt: diese nämlich stehen in Widerspruch mit dem Obigen. Es herrscht die Regel, jedes Intervall von dem untersten der erklingenden Töne aus zu berechnen. So ist $\bar{c}$—$\bar{e}$ Terz; die Umkehrung des Intervalls: $\bar{e}$—$\bar{\bar{c}}$ wird als Entfernung um sechs Töne als Sext bezeichnet, obgleich sie im Grunde nichts anderes ist als die Terz. $\bar{c}$—$\bar{g}$ ist Quint; dasselbe umgekehrt, $\bar{g}$—$\bar{\bar{c}}$, wird „Quart", denn $\bar{\bar{c}}$ ist der vierte Ton von $\bar{g}$ aus. Der Name wechselt nach der Stellung, obgleich die Inter=

vallbedeutung innerhalb der C dur=Harmonie nicht im
mindesten verändert ist. Nach unserer obigen Ausfüh=
rung wäre $\bar{c} - \bar{e}$ eben 1 — 3; $\bar{e} - \bar{\bar{c}}$: 3 — 8;
$\bar{c} - \bar{g}$ wäre: 1 — 5; $\bar{g} - \bar{\bar{c}}$: 5 — 8. Lassen wir
die althergebrachten Bezeichnungen in ihrem Gewohn=
heitsrecht und denken das Richtige dabei — so werden
sie keine Verwirrung anrichten. Nach dieser Benennungs=
weise erklingt im Dreiklang ($\bar{c} - \bar{e} - \bar{g}$) das 1 — 3,
1 — 5 (was auch mit unserer Anschauung stimmt).
Der dieses Verhältnis bezeichnende Name ist: Terz=
Quint=Akkord. Bei der ersten Umkehrung ($\bar{e} - \bar{g} - \bar{\bar{c}}$)
rechnete man von e aus: $\bar{e} - \bar{g}$: Terz; $\bar{e} - \bar{\bar{c}}$: Sext;
also: „Terz=Sext=Akkord", kurz: „Sext=Akkord" (die Terz
wird nicht erwähnt, da sie kein Merkmal des Unter=
schieds zwischen dieser Umkehrung und der ursprüng=
lichen Form des Dreiklangs ist). In der zweiten Um=
kehrung ($\bar{g} - \bar{\bar{c}} - \bar{\bar{e}}$) fand man $\bar{g} - \bar{\bar{c}}$ als Quart,
$\bar{g} - \bar{\bar{e}}$ als Sext: sie heißt demnach „Quart=Sext=
Akkord". Nun ist ja für uns, wo sich immer die
Töne c — e — g zum Akkord zusammenfinden, jeder
derselben unwiderruflich an seinem Platz, harmonisch be=
trachtet, und wir würden nie, wenn z. B. e im Baß
liegt, von diesem e aus im Ernst als von „eins" aus
zählen, denn e ist und bleibt die Terz, 3, des Drei=
klangs. Ebensowenig kann in c — e — g die Quint g
Grundton sein, sondern bleibt 5, auch wenn sie in der
Unterstimme liegt. Die herkömmliche Bezeichnung der
Umkehrungen fußt also auf Verwechslung des akkord=
lichen Begriffs des Grundtons und des praktischen der
Unterstimme. In alter Zeit hatten diese beiden
Umkehrungen ihr Unwesen als selbständige Akkorde
getrieben, bis Rameau (1683—1764) sie in die ihnen

gebührende untergeordnete Stellung abgeleiteter Akkorde
verwiesen hat: ein großes Ereignis für die Vereinfachung
und Aufhellung der Theorie.

„Bezifferte Bässe."

Der Baß ist der Träger der Harmonie und charak=
terisiert dieselbe. Da der Dreiklang aus dem einen
Grundton heraus sich natürlich entwickelt, in ihm schon
enthalten ist, so war es möglich, daß zur Darstellung
einfacherer Harmonien, gewohnter Akkordfolgen die
alleinige Notierung des Basses als des Grundtons ge=
nügte. War der Baß aber nicht Grundton, lag also
eine Umkehrung vor, oder sollten dissonierende, dem
Dreiklang fremde Töne gespielt werden, so wurden der
Baßstimme die entsprechenden Zahlen untergeschrieben,
welche das geforderte Intervall bezeichneten: „bezifferter
Baß". Beispielsweise bedeutete die Note c im Baß, daß
der Dreiklang c — e — g gemeint sei; wollte man den
„Sext=Akkord" e g c, so genügte die Baßnote e mit
der Ziffer 6 darunter; e allein war als der Drei=
klang auf e, nämlich e gis h oder e g h, je nach der
geforderten Tonart, auszuführen. Stand die Note g
im Baß, so rief sie den Dreiklang auf g, also g h d
hervor; war aber der Quart=Sext=Akkord von C dur,
g — c — e, gemeint, so mußten dem g der Baß=
stimme die Zahlen $\frac{4}{6}$ oder $\frac{6}{4}$ unterlegt sein. Er=
höhung und Erniedrigung einzelner Intervalle konnte
durch # und ♭ neben den entsprechenden Zahlen aus=
gedrückt werden; den Fortschritt einer Stimme bei
liegendem Baß markierten Zahlen, die nebeneinander
notiert wurden.

Verdopplung der Intervalle, verschiedene „Lagen".

Der Baß ist, wie gesagt, für den Akkord maßgebend, und für den Charakter der Harmonie entscheidend. Die Anordnung und „Vollgriffigkeit" der oberen Stimme ändert an deren Wesen nichts. In Beispiel 2 sind es vier Stimmen, welche den Dreiklang darstellen: es ist selbstverständlich, daß da einer der drei Töne verdoppelt werden muß; sei es, daß zwei Stimmen einen und denselben Ton auf derselben Höhe singen (Verdopplung im Einklang), sei es, daß ein Ton in einer höheren Oktav wiederholt wird (Verdopplung in der Oktav). Am besten wird Grundton oder Quint des Dreiklangs verdoppelt; weniger gut die Terz, worüber bei der Behandlung des Leittons Auskunft gegeben wird. Die Akkorde je bei a), b), c) in Beispiel 2 sind dieselben, nur die Lage ist verschieden. Bei a) hat die Oberstimme die Wiederholung des Grundtons in der Oktav: „Oktavlage"; bei b) ist oben die Terz: „Terzlage"; bei c) hat der Akkord „Quintlage". Dementsprechend ist über dem Baß die 8, dann 3, dann 5 notiert. Hierüber also vermag der bezifferte Baß noch Auskunft zu geben, dagegen muß er dem Spieler die Wahl der „engen und weiten Lage" überlassen. Diese Benennung bezieht sich auf die gedrängte oder „zerstreute" Lage der Stimmen, welche den Dreiklang darstellen. Die Grenze zwischen enger und weiter Lage wird verschieden angegeben; eine genaue Feststellung scheint mir wertlos zu sein.

Mit wachsender Empfindlichkeit für die Unterschiede der Lagen, mit freierer und komplizierterer Stimmführung, vollends mit der Gewohnheit zu instrumentieren mußten die bezifferten Bässe verschwinden. Wir finden sie in alten Partituren, bei Begleitung von Rezitativen, auch Arien und Chören.

Akkordfolgen. Kadenz — Tonart.

Das klavierklimpernde Kind hat mit seinem C dur= Akkord ein Element der Musik gefunden, es hat aber mit der Wiederholung dieser Konsonanz durchaus noch keine Musik gemacht. Die Musik ist ihrem Wesen nach Dissonanz, nämlich Leben und Bewegung, freilich Be= wegung, die zur Ruhe führt, nicht aber das Verharren in der Ruhe! Die Einheit muß durch Gegensätze ge= wonnen werden, sie muß Resultat sein; die unveränder= liche „Einheit und Ruhe in sich selbst" interessiert nicht. Die „Harmonie" kann unserem Ohr angenehm sein: unser Gemüt rührt sie nicht, wenn sie nicht „ge= schieht", durch Kampf und Reibung hindurch zum Sieg kommt. —

Wie dieses treibende und belebende Element des Gegensatzes immer deutlicher, die Kämpfe immer heftiger wurden; wie die ursprünglichen feineren Dissonanzen nicht mehr genügen wollten und, weil immer weniger zur Empfindung kommend, durch robustere ersetzt werden mußten, wie man andererseits auch mit wachsendem Verständnis für dieses Wesen der Musik mehr und mehr ertragen, ja genießen lernte, was früher abstoßend er= schien — das ist im großen der Gesichtspunkt, unter dem die ganze Entwicklung unserer Kunst nach der harmonisch=theoretischen Seite betrachtet sein will.

In dem Beispiel 3 ist die primitivste Musik nieder= gelegt: aber zweifellos Musik! Es ist das erste Ge= schehnis, Leben der Töne, Bewegungsanstoß und =Ab=

schluß! Über dieses Primitive werden viele Worte un=
vermeidlich sein, denn gerade dieses enthält das meiste;
ja, die „Kadenz" ist, richtig verstanden, Grundlage und
Urbild des Musizierens überhaupt!

Das Beispiel (3) enthält vier Akkorde, welche, rein
harmonisch betrachtet, alle völlig dasselbe besagen. Nach
der obigen Besprechung des Dreiklangs wird einleuchten,
daß jeder der Akkorde von den andern in nichts ver=
schieden ist, als in der „Lage", die ja eben harmonisch
nichts zu bedeuten hat. Trotzdem unterscheiden wir
sehr in der Bedeutung dieser an sich gleichen Drei=
klänge — und damit fängt eigentlich die Musik selbst
an —; wir trennen und fassen zusammen; wir emp=
finden beim Abschluß der Folge, „Kadenz" genannt,
eine Einheit in weit höherem Sinn als beim Drei=
klang allein.

Diese errungene Konsonanz sublimerer und tieferer
Art heißen wir „Tonart". Die Kadenz ist deren voll=
ständige Darstellung.

Das Ganze ist eben die Folge dieser vier Akkorde.
Wir trennen es naturgemäß in zwei Teile, von denen
der zweite die Antwort auf den ersten ist, welchen
wir Vortrag nennen wollen. Der Vortrag ist die
Akkordfolge c — f; die Antwort: g — c (immer
wieder mit den entsprechenden Dreiklängen). Auch Vor=
trag und Antwort sagen an sich ganz dasselbe. —
Was ist beider Bedeutung, einzeln betrachtet? Es ist
der „Quintschritt abwärts", die elementarste Akkordver=
bindung. War uns der Dreiklang das Axiom der Kon=
sonanz, so ist uns diese Folge das Axiom der Be=
wegung.

Vom C dur=Akkord führt ein Quintschritt abwärts auf den Dreiklang von f (f — a — c); vom Drei= klang auf g (g — h — d) kommen wir durch einen Schritt gleicher Art auf den C dur=Akkord zurück. Oder: der Dreiklang auf c liegt eine Quint tiefer als der von g; der von f liegt eine Quint tiefer als der von c. Das Beispiel 3 a bringt diese Ver= hältnisse in deutlicher, aber künstlerisch ungenügender Form unorganischer Nebeneinanderstellung. Harmonisch betrachtet ist es mit dem Original 3 identisch. In 3 b liegt der Dreiklang auf f scheinbar höher als der von c, der letztere höher als der von g; jedoch eben nur scheinbar und äußerlich genommen: denn das „Höher= und Tieferliegen" bezeichnet nicht die Klanghöhe, sondern das innere Verhältnis des Be= dingenden und Abhängigen, des Bewegenden und der Ruhe, besser: des Strebens und des Ziels. Unter diesem Gesichtspunkte ist 3 b nichts anderes als 3 a, denn ob dieselbe Akkordfolge dargestellt wird durch den Fall des Basses um eine Quint abwärts, oder durch sein Steigen um eine Quart, macht keinen Unterschied. Dieser Satz ist nur eine erweiterte Anwendung des obigen, daß Quint und Quart nicht wesentlich ver= schiedene Intervalle sind, sondern nur Umkehrungen. Ist dem Leser die Identität von 3 a und b klar, so wird er nur noch Aufschluß verlangen über den Grund, warum die Akkordfolge jedesmal gerade als „Fall" be= zeichnet wird, g also als das Höherliegende gegenüber von c, dieses wieder ebenso gegenüber von f gelten soll. Abgesehen von der primären Existenz der Quint vor der Quart und der daraus folgenden größeren Natürlichkeit des Quintschritts, wende ich mich an das

Gefühl: dieses wird der Folge 4 a den Vorzug der
Natürlichkeit geben vor derjenigen von 4 b; die erstere
hört sich selbstverständlicher und bequemer an als
die zweite, welche dafür energischer klingt. Somit
dürfte schon deshalb die erste als Fallen der Har=
monie von c auf die von f, die zweite als Steigen
der Harmonie c zu der von g angesehen werden,
denn das Fallen ist immer das Bequemere und er=
gibt sich ohne Aufwand von Energie. Wir sagen also:
die natürliche Folge ist die des Quintschritts abwärts;
der Quartschritt aufwärts ist dasselbe, abgeleitet und
umgekehrt. Der Gegensatz aber (nicht die Umkehrung!)
ist der Quintschritt aufwärts (z. B. c — g oder
f — c), es ist die weniger natürliche (wenn auch nicht
widernatürliche) Folge; dasselbe ist der Quartschritt
abwärts.

Schon diese einfachste Folge gibt Gelegenheit, von
der „Stimmführung" zu sprechen. 4 a, der Anfang
(„Vortrag") von 3 b, 3 a und 3 sind dasselbe, jedoch
mit verschiedener Wirkung: 4 a macht den wohltuenden
Eindruck organischen Verbundenseins, der zweite Akkord
wächst aus dem ersten natürlich heraus; 3 a und b da=
gegen ist schematisch und ohne Leben. Letzteres hat keine
„Stimmführung", ersteres hat eine solche.

Die Harmonielehre handelt von den Akkorden und
Akkordverbindungen. Zur richtigen Akkordverbindung ge=
hört Kenntnis des Wesens der Akkorde, ihrer Ver=
wandtschaft und Fähigkeit, sich aneinanderzuschließen;
die richtige Stimmführung beruht auf der Einsicht in
die Bedeutung der Intervall=Töne in den jeweiligen
Akkorden.

Wir denken uns die Akkorde von verschiedenen (am

besten vier) Stimmen gesungen: Baß, Tenor, Alt, So=
pran. Wie sich dieselben unter sich in die Darstellung
der Akkordtöne und =Folgen teilen, das ist Sache der
„Stimmführung“.

In 4a hat der Baß den Quintschritt abwärts.
Der Sopran bleibt auf c liegen, der Alt wird von
g nach a, der Tenor von e nach f geführt. Es
ist in allen Stimmen Bewegung! Am deutlichsten
ist sie beim Baß: er macht einen Sprung von fünf
Tönen; weniger Bewegung scheint im Tenor und
Alt zu sein, welche je um einen Ton („stufen=
weise“) aufrücken (der äußerlichen Klanghöhe nach);
und zwar auch diese beiden in verschiedener Weise,
indem der Tenor die kleinere Entfernung eines „halben
Tons“ (kleine Sekund), der Alt die größere eines
„ganzen Tons“ (große Sekund) zurücklegt. Der Sopran
endlich macht weder Sprung noch Schritt, sondern
bleibt liegen, nimmt aber trotzdem an der Bewegung
teil: er hat dieselbe in sich, er verändert seine Be=
deutung! Im ersten Akkord hat er c als die Oktav=
Verdoppelung des Grundtons; im zweiten Akkord hat
er das c als die Quint; somit wechselt seine Inter=
pretation und innere Stellung: eine sublimere Art
der Bewegung. Das Gegenteil trifft beim Baß zu:
bei starker äußerer Bewegung fehlt diese innere;
er ist beidemal 1, Grundton. Der Tenor geht von
der Terz des ersten Akkords in die Oktav des zweiten,
der Alt von der 5 des ersten in die 3 des zweiten.
Alt und Tenor haben äußere und innere Bewegung
zugleich. Das Band zwischen den beiden Akkorden ist
der beiden gemeinschaftliche Ton c; an diesem Band
zieht sozusagen der Sopran die anderen Stimmen vom

einen zum andern Akkord, nachdem er seine akkord=
liche und Intervall=Bedeutung geändert hat. Man
mache sich diesen Vorgang an dem Beisp. 4 c klar.
Die Oktav c des Soprans, in die Bedeutung der
Quint umgeprägt, ruft den neuen Dreiklang hervor:
f — a — $\frac{5}{c}$. Wir sprechen damit der äußerlich ruhen=
den Oberstimme die eigentliche Führerschaft beim Akkord=
wechsel zu. Man könnte hier von einem gewisser=
maßen überharmonischen Element zu reden wagen.
Wir fangen etwas mit der von Natur aus gegebenen
Harmonie an, wir interpretieren; es ist dies eine
geistige Tat, die über das bloße, tote Anhören des
Dreiklangs hinausreicht, und die in unserer menschlich=
musikalischen Natur begründet liegt, deshalb auch un=
bewußt vor sich geht. Ohne diese unsere musikalische
Natur könnten wir uns wohl vorstellen, wie der Drei=
klang da wäre — nicht aber, wie eine Akkordfolge
zustande käme.

Aus der Schilderung der Folge in 4 a heraus
könnten wir folgendes Gesetz formulieren:

1) Bleibt ein zwei Akkorden gemeinschaftlicher Ton
bei deren Wechsel liegen, so muß er mit Eintritt des
neuen Akkords seine Intervallbedeutung wechseln (s. das
c des Soprans); 2) ändert eine Stimme des ersten
Akkords mit Eintritt des neuen ihre Intervallbedeutung,
so kann sie liegen bleiben (s. Sopran) oder ihren Platz
verlassend fortrücken (s. Tenor und Alt); 3) ändert
eine Stimme beim Eintritt des neuen Akkords ihre
Intervallbedeutung nicht, so muß sie ihren Platz ver=
lassen (s. Baß).

Mit diesem erklärt sich auch die verschiedene „Lage",

2*

welche der zweite der verbundenen Akkorde gegenüber dem ersten hat.

Nach den praktischen Regeln der „Stimmführung“ soll der gemeinschaftliche Ton zweier Akkorde bei deren Verbindung liegen bleiben; diese Regel hat ihren inneren Grund eben in dem bei 4 c geschilderten Vor= gang selbst; der darauf beruhende praktische Grund ist der, daß die andern Stimmen an dem liegen bleibenden Ton den sichersten Anhaltspunkt für das Treffen der neuen Töne haben. Für gespielte In= strumente fiele diese Rücksicht weg; es bliebe nur noch die auf das Ohr des Hörers, welcher die regelmäßig verbundene Akkordfolge leichter faßt — die Spieler brauchen für ihre Griffe keinen solchen Anhaltspunkt —, und so sind auch tatsächlich die Gebote des „reinen“, „strengen Satzes“ durch die Praxis des reinen Vokal= gesangs ohne Begleitung („a capella“) entstanden, bei dem das musikalisch Einfachste und Natürliche auch am schönsten zur Geltung kommt, weil eben das die Sänger am sichersten treffen. Der Vokalsatz gilt als der gegen Härte und Unnatur oder Gewagtes am meisten empfindliche. Wir intonieren die Töne am reinsten, welche wir uns am mühelosesten vorstellen können; denn die innere Vorstellung muß die Ton= gebung leiten.

Die besprochene Folge ist aber so einfach, daß die Intonation auch ohne den Halt, den sie an dem liegen= den Ton hat, gesichert sein muß (s. 5 a). Denn der in 4 c geschilderte Vorgang spielt sich auch hier ab, zwar nur innerlich, aber mit vollkommen sicherer Wirkung. Von dem gedachten, d. h. innerlich weiter klingenden Ton aus wird die Intonation geleitet.

Das ist hier äußerst einfach; immerhin aber sprechen wir damit für den Komponisten die sehr ausdehn= bare Möglichkeit aus, natürliche harmonische Gesetze zu umgehen und trotzdem sowohl dem Ausübenden das Können, als dem Hörer das Verständnis zuzumuten. Diese Möglichkeit kann sich zu dem erweitern, was man in der Sprachwissenschaft unter „Ellipse" (Auslassung eines Satzglieds) versteht: eine sehr gedrängte Aus= drucksweise kann verbindende und eigentlich notwendige Mittelglieder einem innerlichen Vorgang im Hörer überlassen.

Das Gebot, den gemeinschaftlichen Ton liegen zu lassen, kann somit hinfallen, wenn die Melodie oder etwa die beabsichtigte Klangfarbe es anders will — ohne höheren Zweck soll keine Regel ignoriert werden!

Für die theoretische Betrachtung der Folge bleibt die Tatsache maßgebend, daß der gemeinschaftliche Ton zum mindesten nicht fortverlangt, folglich eigentlich be= harren will. Die normale Stimmführung ist und bleibt diejenige, welche das organische Zusammenwachsen zweier Akkorde am anschaulichsten wiedergibt. Auch die Ökono= mie der Bewegung ist ein künstlerisches Prinzip.

Die natürliche Akkordverbindung soll uns noch einen äußerst wichtigen Unterschied in der Qualität der Inter= valle erläutern: nämlich den zwischen indifferenten Intervallen und dem Gegenteil, zwischen Tönen mit freier Wahl der Bewegung und solchen mit gebundener Weiterführung.

Der „Leitton".

Der Baß kann von c aus den Grundton f des neuen Akkords durch einen Quintsprung abwärts oder

Quartsprung aufwärts erreichen; er kann auch durch
einen Terzschritt abwärts die Terz des neuen Akkords
darstellen, wodurch dieser als „Sext=Akkord" gewonnen
wird (f. 5, 5 a, b) — auf Kosten der Energie frei=
lich. Ja, er könnte liegen bleiben (f. 5 c), wodurch
zwar eine matte Wirkung erzielt, aber doch der
zweite Akkord mit genügender harmonischer Deutlich=
keit gebracht würde. — Der Sopran kann liegen
bleiben, wie wir sahen; er kann fallen (in die Terz a
oder die Grundtonverjüngung f des neuen Akkords)
oder steigen (5 a). Der Alt kann von g nach a auf=
wärts (4 a), oder auch abwärts (5), je um einen ganzen
Ton; ebensogut steht ihm der Quintschritt abwärts
frei (5 b), woselbst „Kreuzung der Stimmen" vorliegt,
so zwar, daß beim ersten Akkord der Alt über,
beim zweiten unter dem Tenor liegt. Nicht weniger
könnte der Alt, wie das zweite Beispiel bei 5 b zeigt,
den Quartschritt aufwärts machen, wodurch er den
bleibenden Sopran im Einklang verdoppelte. Also
ist die Wahlfreiheit ähnlich wie beim Baß, nur kann
der Alt nicht liegen bleiben, da die Quint g des ersten
Akkords im zweiten keinen Platz hat. (Es sei dringend
empfohlen, beim Spielen der Beispiele die einzelnen
Stimmen mitzusingen, wodurch das musikalisch=natür=
liche Gefühl eher zur Sprache kommt, und solche Übung
überhaupt auf ganze Musikstücke, insbesondere ältere
Chorwerke, oder auch auf Klavierfugen mit gesanglichem
Charakter auszudehnen; es muß angestrebt werden, daß
ein Akkord nicht nur einzeln in seiner Klangtotalität
ins Gehör fällt, sondern als im Fluß der Erscheinungen,
als durch das Zusammentreffen selbständig geführter
Stimmen gebildet begriffen werde; man lasse nicht ab,

sich die Mühe zu geben, daß man auch die Mittel=
stimmen in ihrem melodischen Gang heraushört, und
nicht nur die Bewegung des Soprans oder etwa noch
des Basses erfaßt. Es ist diese Kunst des Hörens früher
gewiß allgemeiner und besser ausgebildet gewesen als
jetzt.)

Ganz anders als bei den besprochenen Stimmen
steht es um den Tenor, welcher die Terz (e) des ersten
Akkords hat; er ist eben durch dieses Intervall in
seiner Bewegung gebunden, und zwar sowohl der Rich=
tung nach, als auch in Rücksicht auf die Größe des Schritts,
den er ausführen soll: er muß naturgemäß einen Halbton
aufwärts gehen. Waren also die anderen Intervalle
(Grundton oder Oktav und Quint) indifferent und ge=
statteten den sie darstellenden Stimmen sei es Ruhe oder
Freizügigkeit der Bewegung: so übt das Intervall der
Terz einen Zwang aus, es „leitet" die Stimme auf=
wärts. Dieser Ton wird deshalb „Leitton" (aufwärts)
genannt.

Der Leser mache die Probe und singe die Tenor=
stimme mit, wenn er 4 a spielt: er wird dabei den
Eindruck des Natürlichen haben. Anders bei 5 d, wo
der Tenor=Leitton abwärts geführt ist: es wird ihm
das „gegen den Strich" gehen. Wer in einem Chor
Alt oder Tenor singt, dürfte dieses Gefühl leisen
Unbehagens öfters zu genießen haben; kaum der
Baßsänger, selten der Sopran, letzterer nur etwa,
wenn er zufällig eine zweite (Mittel=) Stimme dar=
stellt. Eigentlich kennt die Melodie so wenig als
der Baß diesen „falschen Schritt", denn die äußeren
Stimmen sind als die exponierten am empfindlichsten;
bei den Mittelstimmen mag er eher hingehen, wenn

sonst, bei ganz korrekter Führung, der folgende Akkord
unvollständig gebracht würde. Hiermit ist schon An=
laß und Berechtigung zu Ausnahmen erwähnt. Nun
vergleiche man noch 5 b (Anfang) mit 5 d (erstem
Teil). Das erstere ist gut, das zweite „falsch". Der
Klang auf dem Klavier ist aber beidemal derselbe.
Im Chor hört man den Unterschied eher, weil die
Klangfarbe und der Vortrag überhaupt die einzelnen
Stimmen deutlicher heraushebt. Hören wir aber
die Folge auf dem Klavier oder der Orgel, so
können wir den richtigen Gang der Stimmen höchstens
erraten, weil wir Korrektheit voraussetzen. Es ist
jedoch von der Gewöhnung an diese Art der Akkord=
verbindung kein weiter Schritt mehr dazu, sie ohne
weitere Umstände, d. h. direkt und ohne Kreuzung
der Stimmen vor sich gehen zu lassen — also zu
5 d, welches auch durch den Gebrauch längst sanktioniert
ist. Ein Unterschied verdient noch Beachtung: in 5 d
ist die erste Folge weniger bedenklich als die zweite.
Bei der ersteren ist das f, welches durch den Leitton e
gefordert wird, zwar, statt vom Tenor, vom Alt ge=
sungen; aber es kommt wenigstens der erwartete Ton
in der erwarteten Lage zum Vorschein, kann also als
Surrogat Geltung haben. Nicht so im zweiten Fall:
denn der Ton f ist zwar im Baß vorhanden; nicht
aber das geforderte f̄, das einen halben Ton höher
liegt als der Leitton ē. Also mußte der letztere
etwas von seinem Recht einbüßen. Nicht alles zwar:
Fassen wir nämlich das a, welches der Alt bringt,
als vom Tenor gesungen, so hätte der Alt den
Sprung ḡ — c̄ abwärts, der keinerlei Unregelmäßig=
keit bedeutet; und der Tenor ginge von ē (dem Leit=

ton) sprungweise aufwärts ins $\bar{a}$. Der Leitton hätte
seine aufwärtsführende Tendenz behalten, wenn auch
nicht seinem eigentlichen Verlangen nach dem nächst=
höheren Halbton genügt wird. Dies geht wohl an,
denn auch hier kann sich der natürliche Vorgang inner=
lich abspielen, das geforderte $\bar{f}$ wird gedacht und,
ebenfalls innerlich, gleich in seine Terz $\bar{a}$ geführt,
also: $\bar{e}$ (— $\bar{f}$) — $\bar{a}$ (Vertauschung der Konsonanz).
Es ist mit diesem auf deutlichere Weise das er=
wähnte Prinzip der Ellipse (welches in der Geschichte
der Harmonie große bildende Kraft bewährt) an=
gewendet. — Mit Berufung auf die Möglichkeit, eine
natürliche, oft gehörte und in Fleisch und Blut über=
gegangene Folge zu überspringen, mag also das a
als Surrogat für das f seine Geltung haben. —
Fassen wir aber die Folge der beiden Akkorde so,
wie sie geschrieben ist, so also, daß der Leitton
wirklich abwärts geht, der Alt aber von g aufwärts
nach a, so bietet uns eben dieses a des Alts ein
Surrogat eines Surrogats — ebenfalls keine Unmög=
lichkeit.

Die Eigenschaft der Terz als Leitton erklärt uns,
warum die Verdopplung der Terz eines Akkords weniger
zu empfehlen ist, als die von 1 und 5, den freizügigen
und indifferenten Intervallen. Die 3 ist in ihrer Fort=
bewegung gehemmt: von zwei sie darstellenden Stimmen
müßte die eine auf ihre natürliche Führung verzichten,
oder aber es hätten beide dasselbe zu singen, wodurch der
Satz um eine selbständige Stimme ärmer würde. Außer=
dem sticht die Terz mit ihrem zwingenden Wesen
an sich schon so hervor, daß eine Verdopplung, ab=
gesehen von der Weiterführung, bloß klanglich be=

trachtet, hart und schneidend ist und jedenfalls be=
sonderen Anlasses bedarf. Es versteht sich, daß im
„mehrstimmigen Satz" (worunter man den mit fünf
Stimmen und darüber versteht) schon aus praktischen
Rücksichten die Regeln milder gehandhabt werden; zudem
verringert die größere Masse die Empfindlichkeit für das
einzelne.

In den Chorkompositionen alten Stils fällt uns
beim Anfangs= und besonders beim Schlußakkord das
Fehlen der Terz auf. Es klingt ein solcher unvoll=
ständiger Akkord unserem heutigen Empfinden höchst leer,
bis wir durch öfteres Hören auch hierin einen eigenen
herben Reiz (den Reiz des Ungereiften) genießen lernen.
Zugrund lag diesem Gebrauch die veraltete Betrachtung
der Terz als Dissonanz. Wir vermögen darin durchaus
kein unrichtiges Empfinden, sondern höchstens eine har=
monische Überempfindlichkeit zu erblicken; ja, bei der
heutigen Auffassung der Dissonanz als des bewegenden
Elements möchten wir die Grenze von Dissonanz und
Konsonanz in die Terz selbst setzen, da diese den
Trieb und Keim der Bewegung in sich hat. Die ebenso
strengen als feinfühligen Alten wollten beim Abschluß
vollkommene Ruhe, weshalb sie die Terz vermieden;
beim Anfang aber wollten sie die Bewegung erst sich
entwickeln lassen aus der Ruhe, weshalb sie die Terz
meistens nachher einsetzen ließen, um eben nicht mit
der Tür ins Haus zu fallen. Hand in Hand damit
ging freilich eine Unempfindlichkeit gegen Unbestimmtheit
und Hohlheit des Klangs, denn auch im Fortgang eines
Stückes scheute man sich nicht vor den leeren Quint=
akkorden.

Der Leitton ist der unverkennbare Ausdruck für die

natürliche Verbundenheit der besprochenen Akkordfolge; es fehlt dieses Moment bei der Rückwärtsbewegung (4 b).

Bei 4 a haben wir allen Stimmen Bewegung zugesprochen. Genauer könnten wir sagen: alle Stimmen nehmen an der Bewegung abwärts teil, abwärts nämlich in dem Sinn des Akkordverhältnisses, nicht der Klanghöhe. Bei 4 b ist die ganze Bewegung ebenso aufwärts gerichtet. Sie ist, wie gesagt, mehr gemacht, gewollt, und hat damit eine eigene Energie (der Willkür); die erste aber hat eine andere Art von Energie für sich: die Wucht dessen, was natürlicherweise kommt und kommen muß.

Es sei dem Leser nochmals empfohlen, die harmonische Identität der zwei Akkordfolgen, in welche wir das Beispiel 3 abgeteilt und deren erste wir eingehend besprochen haben, sich deutlich genug zu machen, um nicht mehr durch Verschiedenheit der Lagen der Akkorde beirrt zu werden. Beispiel 3 sagt dasselbe wie 6, in welchem wir noch die zwei anderen Lagen aufzeichnen. Die Stimm-, d. h. die Intervallführung ist durchaus ungeändert; der Leser verfolge das durch Mitsingen der einzelnen Stimmen und mache sich damit vertraut, wie diese sich in die einmal festgelegte Bewegung teilen; er suche vor allem überall den Leitton heraus.

Folgende Zwischenbemerkung diene der Orientierung. Es war im obigen die Rede von Verdopplungen eines Intervalls. Etwas anderes ist die Verdopplung einer Stimme, d. h. eines Melodiegangs. So ist die Oktavverdopplung der Baßstimme in 4 nur als Verstärkung zu betrachten; es ist keine weitere selbständige Stimme, und nur solche werden gezählt; also ist der Satz vierstimmig.

Die Oktavverdopplung des Baſſes iſt im Inſtrumental=
ſatz ſehr häufig (bei der Orgel iſt ſie die Regel); ebenſo
gebräuchlich iſt die der Oberſtimme. Eine intereſſante
Verdopplung einer Melodie in der zweituntern Oktav
findet ſich in einer Klavierſonate zu vier Händen von
Mozart (Beiſpiel 7). Die Begleitung liegt zwiſchen den
beiden, e i n e Melodie ſingenden Stimmen. Die ſo er=
zielte Klangwirkung iſt von reizvoller Eigentümlichkeit,
die ſich mit dem Eintritt der zweifach gebotenen Sep=
time g (*) noch erhöht.

Die vollſtändige Kadenz — Tonart.

Nach Einſicht in das Weſen der Teile gehen wir
zur Betrachtung des Ganzen. Auch dieſes iſt durch=
aus nicht als durch Addition der Teile entſtanden zu
denken, ſondern als ein innerlich Lebensvolles, mit
ſteter Oszillation von Beziehungen nach vorwärts und
rückwärts.

Mit der erſten Akkordfolge c — f (ſiehe Beiſpiel 3)
ſcheint ein Abſchluß gefunden. Worin liegt der Zwang,
weiterzumachen? Wir müſſen zur Erklärung den Be=
griff der Tonart herbeirufen. In der Tonart C dur iſt
der Akkord auf c, c — e — g, der Grundakkord, die
„Tonika"; der Ton f iſt die vierte Stufe der Leiter,
der Akkord f — a — c, auf dieſen Ton aufgebaut,
iſt „Dreiklang der vierten Stufe" und wird mit der
Ziffer IV bezeichnet. Der Abſchluß auf ihm kann kein
endgültiger, ſondern nur ein vorübergehender, ein Ein=
ſchnitt („Cäſur") ſein; eben unſer Tonartgefühl drängt
weiter und verlangt einen vollſtändigen Abſchluß, mit
dem der eigentliche Grundakkord, c e g, erreicht wird.

Dieser muß auf dieselbe Weise der natürlichen Akkord=
folge herbeigeführt werden, wie der erste Pseudo=Schluß.
Folglich muß der abschließenden „Tonika" (c — e — g,
I, Dreiklang der ersten Stufe) ein Akkord vorausgehen,
welcher diese ebenso notwendig fordert, wie der Ab=
schluß des ersten Teils (IV) aus dem Anfangsakkord (I)
herauswächst: dieser Akkord ist der auf der fünften
Stufe (V), der „Oberquint" g, wonach die Akkord=
folge des zweiten Teils als V — I zu bezeichnen ist.
Der Dreiklang der fünften Stufe heißt „Oberdominant",
kurz auch nur: „Dominant", der auf der IV., d. i.
auf der Unterquint, heißt „Unterdominant"; dominare
bedeutet: beherrschen; die hervorragende Stellung der
beiden Akkorde in der Tonart ist dadurch gekenn=
zeichnet.

Der erste Teil, I—IV, ist, wie erwähnt, har=
monisch betrachtet dieselbe Folge wie der zweite, V—I;
Bischoff erklärt deshalb das Wesen der Kadenz — mit
welchem Namen das in Beispiel 4 und 6 gebotene Ganze
bezeichnet wird — als entstanden durch das zweimalige
Setzen des Verhältnisses V—I, d. h. des Dominantver=
hältnisses.

Vom tonartlichen Standpunkt aus sind aber beide
Teile nicht von gleicher Bedeutung, haben deshalb auch
andere Ziffern. Der erste Teil ist I—IV: also ist I,
die Tonika, nicht herbeigeführt, Resultat, sondern be=
dingend, Faktor, sie ist in die Dominant umgedeutet:
ein innerer Widerspruch! Denn der Tonika kommt von
Natur die Bedeutung des Hauptakkords, folglich des
Ziels der Bewegung zu. In dem inneren Widerspruch
und Doppelsinn, welcher durch veränderte Interpreta=
tion entsteht, haben wir schon früher das eigentlich

Treibende erkannt: der Leser erinnert sich an die innere
Bewegung des liegenden Tons, welcher, als Intervall
anders gedeutet, die übrigen Stimmen in den neuen
Akkord zieht.

Der Widerspruch in dem IV, welches aus der domi=
nantartig wirkenden Tonika resultiert, ist schon erklärt
worden; die Unterdominant usurpiert eine ihr nicht ge=
bührende Bedeutung als Ziel, Pseudo = Tonika. Aus
diesem Grund muß der zweite Teil der Kadenz mit
Notwendigkeit folgen: er dient der Wiederherstellung des
natürlichen, durch die Tonart geforderten Ansehens der
Dreiklänge.

Man könte nun fragen: Zugegeben, daß auf den
ersten Teil der zweite folgen muß — warum sind diese
Umstände aber gemacht? Warum fängt man nicht gleich
mit dem zweiten an, so daß auf die natürliche und
eigentliche Dominant (V) der natürliche Abschluß mit
der eigentlichen Tonika (I) erfolgte? Könnte man so
nicht den ersten Teil entbehren?

Nein! ohne Dissonanz gibt es keine Musik; wir
sind auf das Prinzip des gelösten Widerspruchs ange=
wiesen. In C dur hätte der Anfang mit V, der Do=
minant, keinen Anlaß, die Folge V—I stünde in der
Luft! — Das logisch Begründete ist der Anfang mit der
Tonika: das Ganze hebt mit dem durch die Setzung
einer Tonart gegebenen Grundakkord an; derselbe geht
aus sich heraus, wird produktiv, führt als Dominant
den natürlich folgenden tieferen Akkord (IV) herbei.
Ein gegensätzliches Element, Dissonanz im sublimen Sinn,
ist damit aufgetreten und kommt zur Lösung bei der
Rückkehr zur Tonika, welche nun Ziel= und Ruhepunkt

geworden ist, nachdem sie Ausgangspunkt und Bewegung
war. Aus der gestörten Einheit des sich in der Be=
deutung spaltenden Tonika = Dreiklangs wird die weit
höhere Einheit der Tonart geboren. Sprach der Ver=
fasser schon oben mit gebührender Bescheidenheit von
einer geistigen Tat, von einem überharmonischen Ele=
ment, so tut er es hier ohne Zurückhaltung.

Die Tonart ist nicht von außen gegeben, wie der
Dreiklang, sondern Schöpfung des Menschen, seiner
künstlerischen Natur. Die Kadenz verwirklicht eine
ästhetische Forderung: das Gewollte muß so kommen
(so vorbereitet werden), daß es als natürliches Ergeb=
nis erscheint. Alle Musik, mit allem, was sie an
überwältigenden Wirkungen aufweist, basiert nach der
harmonischen Seite auf den Prinzipien, welche die
Kadenz gebildet haben. So einfach und rudimentär
auch die Schale aussieht, welche den Keim umschließt:
das Leben und Drängen ist darin. Vorgreifend zitiere
ich das schlagende Wort Riemanns: „Auch das Modu=
lieren ist nichts als eine großartig erweiterte Kadenz!"
— Es ist die einfachste Form, in welcher sich das all=
mächtige Gesetz des nach Lösung verlangenden Wider=
spruchs kristallisiert hat.

In der Kadenz sehen wir die vollständige Dar=
stellung der „Tonart". Wir befinden uns in der Ton=
art C dur, heißt so viel als: der Dreiklang c ist Ziel
alles Geschehens, die übrigen Harmonien, vor allem die
beiden Dominanten, sind nicht mit ihm gleichwertig,
sondern haben ihren Wert und Sinn eben nur in
ihrer Beziehung auf diesen Grundakkord, die „Tonika".
Mit der Tonart setzen wir ein Maß, einen Wert; es
ist dies ein unbewußter Machtspruch.

Dem Einschnitt selbst zwischen den beiden Kadenz=
teilen gebührt noch die folgende Betrachtung, welche
dem erhöhten Verständnis für die Energie dienen möge,
welche in dem „Schlußfall" liegt. Die beiden Folgen,
I—IV (Pseudo=V—I) und V—I, sahen wir je als
notwendig sich ergebend, durch den natürlichen Baßquint=
schritt abwärts. Kein solcher Zusammenhang besteht
zwischen Unter= und Oberdominant, IV und V, also
zwischen dem Schluß des ersten und dem Anfang
des zweiten Teils. Wir erkannten zwar einen ver=
bindenden Zwang, den aber nur die Forderung des
Tonartbewußtseins ausübt. Hier soll das Fehlen der
rein harmonischen, akkordlichen Verbindung festgestellt
werden. Weder ein gemeinschaftlicher Ton, noch ein
Leitton bietet irgend eine von IV zu V weiterführende
Potenz: zwischen beiden Akkorden ist eine Kluft. Die
nachträgliche Brücke darüber spannt erst die abschließende
Tonika, welche sowohl mit ihrem Resultat, der von
ihr zuerst bedingten Unterdominant, als auch mit
ihrem unmittelbaren Vorgänger, der sie bedingenden
und herbeiführenden Oberdominant je einen Ton ge=
mein hat (c mit IV, g mit V). In dem Schlußklang
liegt also auch noch dieses weitere Moment der Lösung
einer harmonischen Spannung. Die Kadenz ist weit
mehr als eine bloß zeitliche Folge von Tönen; viel=
mehr spielen in derselben die Kräfte hin und wieder,
nach vor= und rückwärts. Die Vorahnung des Kommen=
den ersetzte die Brücke über die Kluft zwischen IV
und V; die Erinnerung an die Spannung, welche
die natürlicherweise nicht verbundenen Akkorde durch
ihre unmittelbare Aufeinanderfolge hervorrufen, läßt

die eintretende Ausgleichung erst zu ihrer befriedigenden
Wirkung kommen.

Abschluß: Die beiden Kadenzteile faßten wir oben
unter die Bezeichnung: Vortrag und Antwort. Nach=
dem wir nun den innern Widerspruch in der Be=
deutung des ersten Teils erkannt haben, dürften wir
die Kadenz auch: Frage und Lösung (oder Antwort)
nennen. Oder denken wir sie als Gegenüberstellung
von: falschem und eigentlichem Schlußfall, oder als:
Abstoß und Rückkehr, es wird das alles die Sache
treffen, aber nicht decken. Die Sprache ist schon zu
kompliziert, zu mittelbar, um den musikalischen Vor=
gängen völlig gerecht werden zu können. Die Musik
ist unter allen Äußerungen des menschlichen Geistes die
elementarste.

Der Folge IV—V, damit auch V—IV haben wir
die Bedeutung einer eigentlichen Akkordverbindung abge=
sprochen und sie vielmehr als Sprung gekennzeichnet.
Sie bekam übrigens das Gewohnheitsrecht, auch ohne
die unmittelbar darauf folgende, nachträgliche Ver=
bindung durch I zu Gehör gebracht zu werden, und
so begegnen wir einer Häufung dieser Folge oft in
alten Chorwerken, wobei aber unser modernes Empfinden
meist überrascht wird. (Beisp. 8.) Der Stil Palestrinas
gebraucht nicht selten solche Gewaltmittel, welche damals
weniger hart empfunden werden mochten, wo man fast
ausschließlich mit Dreiklängen operierte und sich dem=
gemäß für deren Anwendung freieren Spielraum gönnen
mußte.

Es sei dem Leser empfohlen, sich mit Übertragung
der Kadenz in andere dur=Tonarten („Transponieren")
und zwar unter Berücksichtigung der verschiedenen Akkord=

lagen zu beschäftigen. Das folgende Schema möge er dazu benützen: Beisp. 9.

Der Quintenzirkel.

Die natürliche Akkordfolge V—I, d. i. der Quint=schritt abwärts, kann ins Unendliche fortgesetzt werden. Von der Tonika C dur, I, kamen wir auf den F dur= Dreiklang, IV von C dur. Indem wir die Tonart verlassen, den F dur=Dreiklang umdeuten nach einem wirklichen I, haben wir die Tonart F dur; durch feine weitere Umdeutung in V: die Tonart B dur, deren Tonika, I, b d f, sofort daraus entspringt. Jeder neugewonnene Akkord wird vom Resultat in den Faktor, d. h. von der Tonika in die Dominant umgedeutet. Durch Fortsetzung dieses Vorgangs kommen wir der Reihe nach weiter auf die dur=Klänge von Es, As, Des, Ges (gleich Fis), H, E, A, D, G und zuletzt wieder C. Immer um eine Quint abwärts weiterschreitend, gelangen wir auf den Anfangspunkt zurück: also bewegen wir uns im Kreis: „Quinten= zirkel“.

In der Mitte desselben mußten wir uns, streng theoretisch genommen, eine Unsauberkeit erlauben, welche man „enharmonische Verwechslung“ nennt: nämlich die Vertauschung des Ges dur= und Fis dur=Dreiklangs, welche in unserem ganzen Tonsystem ihre Berechtigung hat und auch bei jedem andern Dreiklang stattfinden kann. Wir hätten ebensogut fortfahren können, von Ges nach Ces, Fes, B=es usw., bis wir das endlich er= reichte Des-es dur mit C dur vertauschen. Streng theo= retisch verfahrend, müßten wir aber auch von Des-es dur

immer tiefer in die es-es und es-es-es gelangen; theo=
retisch=akustisch führt kein Weg mehr auf das eigentliche
C dur zurück, sondern nur in dessen Nähe (Des-es dur).
Also wäre im rein akustischen Sinn von einer Quinten=
spirale zu sprechen. Die enharmonische Verwechslung
besteht in der Vertauschung irgend eines erhöhten Tons
mit der Erniedrigung des nächsthöheren Ganztons und
umgekehrt, z. B. dis und es, fis und ges; oder, was
dasselbe ist, irgend eines Tons mit der Erniedrigung
des nächsthöheren Halbtons, z. B. h und ces: c und
des-es; e und fes usw. In unserem Fall wurde diese
Vertauschung auf einen ganzen Akkord angewendet, Fis dur
mit Ges dur, fis-ais-cis mit ges-b-des. Wir verdanken
diese Möglichkeit der „gleichschwebend temperierten Stim=
mung", auf welcher alle unsere Musik beruht. Wir
sparen eine nähere Auskunft darüber für spätere Ge=
legenheit auf, welche die Behandlung der Modulation
bieten wird.

Die Bewegung im Quintenzirkel beruht auf steter
Umdeutung des gewonnenen I in V. Da der Leitton
jedes Dreiklangs den Akkordfall jedesmal herbeiruft, so
ist diese Bewegung die eigentlich harmonisch=natürliche.
— Zugleich aber ist sie die eigentlich unmusikalische!
Denn sie erfolgt mit steter Unterdrückung des Tonart=
gefühls, ist somit das Gegenteil der Kadenz, welche
gerade der energisch=deutlichste Ausdruck der Tonart ist.
Die Wiedergewinnung des Ausgangspunkts ist, ganz
abgesehen von ihrer Künstlichkeit (durch die notwendige
enharmonische Verwechslung), keine abschließende, bringt
keinerlei Lösung der Gegensätze, keine wiederhergestellte
höhere Einheit nach der Entzweiung, sondern ist eine
rein mechanische. Es ist durchaus nicht abzusehen, warum

3*

es nicht immer weitergeht. Mit dem Wiedererſcheinen
des Anfangsakkords iſt nur ein beliebiger Punkt auf
der Peripherie eines Kreiſes erreicht. Kurz: wir haben
es mit einem Schema von Harmoniegängen zu tun,
keineswegs aber mit „Muſik". Dies wird nicht viel
beſſer dadurch, daß wir ſtatt der bloßen Akkordver=
bindung je ganze Kadenzen nehmen: Beiſp. 10. Wir
haben dadurch nur einzelne abgeſchloſſene muſikaliſche
Bilder äußerlich aneinander gereiht, ohne Zwang der
Fortſetzung nach dem Schluß der erſten Kadenz, ebenſo
ohne Zwang, die begonnene Entwicklung abzubrechen. Es
ſei der Übung halber die Weiterführung des Beiſpiels
empfohlen.

Selbſtverſtändlich kann der Quintenzirkel auch in
umgekehrter Richtung, nach oben, durchlaufen werden
(Beiſp. 10 a). Es erfolgt dabei die Umdeutung jedes
gewonnenen I in IV der nächſthöheren Tonart; der
C dur=Dreiklang wechſelt die Bedeutung der Tonika in
die der Unterdominant von G dur uſw.

Wir kehren zur Tonart zurück, welche allein das
Gebiet des Muſizierens ſein kann — trotz aller Mo=
dernität ſei das feſtgehalten!

Die Tonleiter.

Die Kadenz, als erſchöpfende harmoniſche Dar=
ſtellung der Tonart, bietet jeden Ton, welchen die Ton=
leiter kennt; oder: jeder Ton der Leiter hat ſeine
natürliche Erklärung als ein Intervall irgend eines
der Kadenzakkorde. Die Tonleiter zerlegt die Elemente
der Kadenz und der Tonart, ordnet ſie nach ihrer Klang=
höhe aneinander; ſie bietet die Tonart nach der

systematisch-melodischen Weise. (Melodisch ist noch nicht melodiös!) Denken wir uns einen Ton als von C aus allmählich aufsteigend und an denjenigen Stellen der Klanghöhe fixiert, wo er mit einem Intervall der Kadenzakkorde (I, V, IV) zusammentrifft: so haben wir in diesen fixierten Punkten die Stufen der C dur-Leiter gefunden (nach der Darstellung Hauptmanns). In Beispiel 11 sehen wir nacheinander c als 8 von I, d als 5 von V, e als 3 (I); f als 8 (IV), g als 8 (V), a als 3 (IV), h als 3 (V), 'c als 8 (I). h ist Leitton zu c, e ebenso zu f aufwärts. (Die dur-Tonleiter ist charakterisiert durch diese Stellung der beiden Halbtöne zwischen der 3. und 4., 7. und 8. Stufe.) Diese Darstellung zeigt die natürliche harmonische Interpretation der Tonleiter auf. Jeder Ton einer Melodie überhaupt hat seine „natürliche Harmonie", d. h. seine natürliche Beziehung zu einem Dreiklang, ob er nun als konsonantes Intervall direkte Beziehung zu dem Dreiklang hat, in ihm ruht — oder ob er auf dem Wege zur Konsonanz ist, also seine Bewegung und indirekte Beziehung zu einem Drei-klang hat.

Die Tonleiter ist aber durchaus nicht an ihre natür-liche Harmonie gebunden. Abgesehen von der freien Wahl des Komponisten, hängt es schon von dem Tempo und Rhythmus ab, ob entweder jede Stufe in ihrer natürlichen harmonischen Beziehung erkannt wird, oder ob sich mehrere oder gar alle Stufen unter den Gesichtspunkt eines einzigen Akkords zusammenfassen.

Bemerkung. In diesen und den folgenden Beispielen (11, 11α, 11a) ist vollkommene Deutlichkeit nur durch „schlechten Satz" zu erzielen; man stoße sich nicht daran!

Wir ſahen in Beiſp. 11 jede Stufe als akkordliches
Intervall. Anders iſt es in 11a, in deſſen erſtem
Takt die Harmonie I nicht verlaſſen wird; der
Ton: d iſt ſomit außerharmoniſche Note, ebenſo im
dritten Takt der Ton: a, welcher zu der dieſen Takt
beherrſchenden Harmonie V im Widerſpruch ſteht. Mit
ausſchließlicher Benützung von nur harmoniſchen Noten
würde die Oberſtimme hier abwechſelnd ſprung= und
ſtufenweiſe aufſteigen müſſen: c, e, f ‖. g, h, c. Die
ſtufenweiſe Verbindung der Lücken zwiſchen den har=
moniſchen Noten geſchieht durch die

„Durchgangsnoten".

Solche ſind alſo in unſerem Beiſpiel die erwähnten:
d und a (*). Weil durchgehende Noten der Regel
nach diſſonanter Natur ſind, ſo machen ſie die Ver=
bindung zwiſchen den akkordeigenen Noten noch inniger,
denn in der Diſſonanz liegt eben der Zwang zur Be=
wegung in die Konſonanz. In Beiſp. 11b iſt die
ganze erſte Tonleiter auf die Tonika bezogen, folglich
ſind alle Töne außer c, g und e als durchgehende
anzuſehen. Bei ſchnellem Spiel dringen dieſe akkord=
fremden Töne als ſolche kaum ins Bewußtſein; die
Tonleiter bedeutet dann nur „ein ſchnelles Durch=
meſſen des Tongebiets" (Riemann). Auch eine ſolche
nur melodiſche Darſtellung kann bei genügender Vor=
bereitung ein harmoniſch=klares Bild geben, wie wir an
der 18. der Klaviervariationen in C moll von Beethoven
ſehen. Sie enthält nichts als „Läufe", welche durch
untergelegte Harmonien erklärt ſind; letztere verſchwin=
den gegen den Schluß, und nur durch die Läufe wird

jetzt eine Harmoniefolge ausgedrückt, welche die Kadenz bedeutet: as — as, f — f : IV; g — g : V; c — c : I (f. später moll = Kadenz). Den Besitz der Beethovenschen Variationenwerke setze ich bei einem Musiktreibenden voraus, kann mir also die Anführung dieser Stelle ersparen.

Eine Häufung von durchgehenden Noten entsteht durch Tonleitern, in der Gegenbewegung zusammenge= spielt, wie sie jedem Klavierübenden bekannt sind. Sie haben, so „wüste und leer" sie sind, harmonisch ihr Daseinsrecht. — Auch kann sich der ganze Dreiklang so bewegen, bei ruhendem oder gegensätzlich bewegtem Baß: f. Beispiel 11 c. Die Mittelstimmen steigen hier die Leiter von der Terz und Quint des ersten Akkords aus empor. Wir haben also ganze durchgehende Akkorde vor uns. Eine Anwendung dieser Möglichkeit im moll= Geschlecht bietet die Orchester=Einleitung und =Begleitung im Anfangschor der Bachschen Kantate: „Ach wie flüchtig". Die Tonleiter ist hier als Thema, als Motiv, verwertet (Beisp. 11 d), zur wirksamsten Schilderung des unerbittlich=gewaltsamen Drängens, des stürmischen Flugs der Zeit.

In 11 e haben wir eine größere Bereicherung des Satzes, der im Grund doch nur die Kadenz darstellt. Der Sopran geht stufenweise abwärts, von der Oktav des Grundtons der ersten Harmonie I in die Terz a der zweiten (IV), welche er mit dem Beginn des zweiten Takts erreicht, und zwar vermittelst der dissonierenden Durchgangsnote h. Der Alt steigt vom ersten in den zweiten Takt, so daß er von der Terz (e) der Tonika aus die Terz der Unterdominant erreicht (a), wobei er in der Gegenbewegung zum Sopran mit diesem zu=

sammentrifft. Er geht hier in Terzen (genauer
Dezimen) mit dem Baß, welcher die Tonleiter ausführt.
Es dürften selbst hier auch diejenigen letzten Noten
des ersten Takts, welche eigentlich akkordeigen sind (I
ist die Grundharmonie des ganzen ersten Takts), näm=
lich e des Basses und g des Alts, nur mehr als halb
konsonante und schon halb dissonante Durchgangsnoten
zu betrachten sein, da das Vorgefühl des natürlich ein=
treffenden Akkords IV bereits sehr stark ist und über=
dies diese Noten auf den „schlechten" (unbetonten) Takt=
teil fallen, wodurch ihre akkorddarstellende Bedeutung
abgeschwächt wird. Im zweiten Takt steigt der Alt
abwärts, um mit Beginn des dritten Takts die Quint
der Oberdominant zu erreichen; g und e sind akkord=
fremde Durchgangsnoten. Unter dem Baß sind die
virtuellen Grundtöne jedes Takts festgehalten, welche,
von der Unterstimme sei es ausgehalten oder ver=
lassen, die Auffassung der Harmonie bestimmen. Der
Tenor hat im ersten Takt die Oktav der I; die=
selbe wird im zweiten zur Quint der IV (liegender
gemeinschaftlicher Ton); im dritten Takt hat er die
Terz h der V darzustellen: er spart sie jedoch für
das zweite Viertel auf; im ersten Viertel behält er
den jetzt unharmonisch, dissonant gewordenen Ton c bei,
er „bindet ihn herüber". Diese Bildung und „Bindung"
heißt:

Der „Vorhalt".

Es ist das „Vorenthalten" eines zum Akkord gehören=
den Tons. Seine dissonante Natur ist offenkundiger
als diejenige der Durchgangsnote, er soll deshalb „vor=
bereitet" sein, d. h. die Dissonanz soll in dem vor=

hergehenden Akkord schon vorhanden sein, und zwar als
Konsonanz, was in unserem Beispiel zutrifft. Übrigens
hat sich diese Regel ziemlich gelockert. So ist im
Beisp. 12 der Vorhalt (*) durch eine im vorhergehen=
den Akkord ebenfalls unharmonische, dissonierende Note
vorbereitet, b Septime von c. Die Wendung ist trivial
genug und unbedenklich zu gebrauchen, obgleich die
„vorbereitende“ Note auch noch durch ihre unterge=
ordnete Stellung im Takt an harmonischer Bedeutung
viel verliert. Es ist von da nicht mehr weit zum
„freien“, d. h. unvorbereiteten Einsatz der Dissonanz:
s. Beisp. 12 a. Klang und Auflösung derselben
gleicht dem des Vorhalts, nur nicht die Herbei=
führung; letztere und die Art der Bewegung ist
ähnlich wie bei den Durchgangsnoten; jedoch trifft,
zum Unterschied von diesen, hier die Dissonanz auf
guten Taktteil ein, „sie verdrängt den harmonischen
Ton auf die nächste untergeordnete Taktzeit“. Man
nennt dies (mit nicht gerade glücklicher Bezeichnung):

„Wechselnoten“.

Solche sind in Beisp. 11 e, 12 a mit * bezeichnet,
ebenso in Beisp. 13 a; die Variante 13 b bringt dieselben
Noten als „durchgehend“.

Einen noch freieren, springenden Einsatz der Disso=
nanz bietet Beisp. 12 b (*). Solche Pseudo=Vorhalte
nennt man

„Vorhalts= oder Vorschlagsnoten“.

Sie sind besonders im Instrumentalsatz häufig:
Beisp. 14 ist der Anfang einer Beethovenschen Violin=

sonate. In den ersten vier Takten ist die „Vorschlags=
note" die nächsttiefere der harmonischen und dem Ge=
brauch nach chromatisch erhöht; bei der „Beantwortung"
auf der Dominant ist's umgekehrt: die harmonische Note
wird von der nächsthöheren aus erreicht. Sehr be=
merkenswert ist der Anfang des fünften Takts. Die
erste Note e (*), obwohl konsonierend, macht dennoch
den Eindruck einer Vorhaltsnote, und zwar einer
dissonierenden: lediglich aus dem Grund, weil wir nach
Analogie des ersten Takts eine Dissonanz hier er=
warten!

Die von oben nach unten führenden Vorschlagsnoten
werden in der Regel nicht verändert.

Wir verdanken diese und ähnliche Verzierungen dem
früheren Solo=Kunstgesang, welcher die vorgeschriebenen
harmonischen Noten aus freien Stücken aufs reichste aus=
zuschmücken pflegte.

Eine genaue Aufstellung der Verzierungsarten ist
Aufgabe der Schulwerke für ausübende Kunst. Wir
erwähnen hier nur den „Mordent" und „Triller".
Beisp. 15 a illustriert den ersteren: die harmonische Note
h wird umschrieben, indem der Ton sozusagen hin und
her schwankt und seine Grenztöne nach oben und unten
berührt. Den Übergang in die bewegtere Figur des
Trillers „mit Nachschlag" zeigt 15 b. Beidemal könte
die untere unharmonische Note a in ais erhöht sein;
dem Schwanken des Hauptons liebt man nach unten
engere Grenzen zu stecken.

Der Triller hat seinen Reiz in dem steten und
schnellen Wechsel der konsonierenden mit der dissonieren=
den Note. Liegt er in der Höhe, so kann durch den

begleitenden Akkord die harmonische Deutlichkeit gewahrt sein; der Triller gleicht dann dem Jubel einer Vogel= kehle. Dagegen glauben wir das drohende Raunen unterirdischer Geister zu hören beim Baßtriller, welcher die ganze Harmonie auf schwankem Grund erscheinen läßt. Diese dämonische Wirkung finden wir beson= ders bei Beethoven. — Ihm verdanken wir über= haupt sowohl Beschränkung als Vertiefung der musi= kalischen Reize, wie sie als Koloraturen, Arpeggien, Läufe, Mordenten usw. beliebt sind: er weiß sie alle in den Dienst der Sache zu stellen, zur Erhöhung der Stimmung zu verwerten. Wogegen wir in älteren Klavierwerken, einschließlich derer J. S. und Philipp E. Bachs, oft einem ermüdenden Unmaß der „Manieren" (d. h. aller Arten von Verzierungen mit Nebennoten) begegnen, welche uns weniger der Heraushebung als vielmehr der Störung einer melodischen Schönheitslinie günstig zu sein scheinen. Es mag da wohl auch Un= geschmack der Mode mitgewirkt haben, welche der Freude am Geklingel Rechnung trug — der tiefere Grund liegt sicherlich darin, daß eine Verzierung, besonders der Triller, die Betonung einer Hauptnote mehr markiert, wie auch ihre Klangdauer verlängert — was bei der Kurzatmigkeit des damaligen Klaviertons eben nötig sein mochte.

Zweifellos ist die Durchgangsnote und der Vorhalt (als die konsequentest herbeigeführte Dissonanz) histo= risch die Grundlage für alle Bildungen mit akkord= fremden Noten. Der Vorhalt bedeutet den Kampf fremd= artiger Elemente; bei einer Akkordverbindung sucht sich ein Intervall oder mehrere des ersten Akkords zu halten, bis in der „Lösung" des Vorhalts das neue

Element siegt und die anderen aus ihrer Stellung ver=
drängt. Die Regeln für die Behandlung des Vorhalts
zu geben, ist Aufgabe der praktischen Satzlehre. Um
noch ein Beispiel seiner künstlerischen Verwertung zu
bieten, zitieren wir eine Stelle aus dem Es dur=
Quintett von Mozart (Beispiel 16). Sie enthält zwar
Septakkorde (die erst im folgenden behandelt werden);
doch sind ja diese jedem Musiktreibenden schon in
Fleisch und Blut übergegangen, so daß wir sie wohl
vorgreiflich bringen dürfen. Dem ersten Takt liegt die
Harmonie b — d — f — as zugrunde (Dominant von
Es dur). Die Terz (d) wird von unten (c) vorgehalten,
die Quint (f) von oben; die Einsätze der Vorhaltsnoten
sind zum Teil frei. Im dritten Takt ist auf gleiche
Weise der Septakkord g — h — d — f (Dominant
von C moll) dargestellt; im fünften Takt: f — a — c— es.
Vorhalte: d nach c abwärts (zur Quint), g nach a aufwärts
(zur Terz).

**Exkurs. Aufstellung der Intervalle (A) und Dreiklänge
(B) in dur.**

A) Nach der Tonleiter C dur gerechnet ergeben sich
von $\bar{c}$ aus folgende Intervalle: $\bar{c}$ — $\bar{c}$: (reine) Prim
(1); $\bar{c}$ — $\bar{d}$ (große) Sekund (2); $\bar{c}$ — $\bar{e}$ (große) Terz
(3); $\bar{c}$ — $\bar{f}$ (reine) Quart (4); $\bar{c}$ — $\bar{g}$ (reine) Quint
(5); $\bar{c}$ — $\bar{a}$ (große) Sext (6); $\bar{c}$ — $\bar{\bar{h}}$ (große) Septime
(7); $\bar{c}$ — $\bar{\bar{c}}$ (reine) Oktav. — Von d aus gerechnet
bekommen wir nicht neue, aber anders geartete Inter=
valle, nämlich: d — f kleine Terz, d — c kleine Septime.
Von e aus: e — f: kleine Sekund (Halbton), $\bar{e}$ — $\bar{c}$ kleine
Sext; von f aus: f — h übermäßige Quart; von h aus: h — f

verminderte Quint. — Als Konsonanzen kennen wir die 8, 5 und 3. Die Normal=Oktav und Quint bezeichnet man als „reine" Intervalle; sie behalten ihren Cha= rakter in der Umkehrung; c — $\bar{c}$, reine 8, wird, umge= kehrt: $\bar{c}$ — $\bar{c}$, reine Prim; $\bar{c}$ — $\bar{g}$, reine Quint, wird: $\bar{g}$ — $\bar{\bar{c}}$, reine Quart. Die Terz dagegen ist auch info= fern weniger vollkommene Konsonanz, als sie in der Um= kehrung ihren Charakter ändert: $\bar{c}$ — $\bar{e}$, große 3, wird, umgekehrt: $\bar{e}$ — $\bar{\bar{c}}$, kleine Sext; die kleine 3, z. B. $\bar{c}$ — $\overline{es}$, $\bar{d}$ — $\bar{f}$ wird große 6: $\overline{es}$ — $\bar{\bar{c}}$; $\bar{f}$ — $\bar{\bar{d}}$.

Das dissonierende Intervall ist die Septime mit ihrer Umkehrung: der Sekund. Der kleinen Septe ent= spricht in der Umkehrung die große Sekund (z. B.: g — $\bar{f}$; $\bar{f}$ — $\bar{g}$); der großen Septe: kleine Sekund (z. B.: $\bar{c}$ — $\bar{h}$; $\bar{h}$ — $\bar{\bar{c}}$). Der Dreiklang mit hinzu= gefügter Septe, z. B. g h d f; c e g h wird Septakkord genannt

Die verminderte Quint mit ihrer Umkehrung: der übermäßigen Quart (h — $\bar{f}$; $\bar{f}$ — $\bar{h}$) ist kein originales Intervall (s. darüber später).

Man hat die Intervalle über die Oktav hinaus ebenfalls gezählt und benannt: $\bar{c}$ — $\bar{\bar{d}}$ None (9); $\bar{c}$ — $\bar{\bar{e}}$ Dezime (10); $\bar{c}$ — $\bar{\bar{f}}$ Undezim (11); $\bar{c}$ — $\bar{\bar{g}}$ Terzdezim (12) usw. Die None gilt als verjüngte Sekund, die Dezime als verjüngte Terz (d. h. Terz der Oktav).

Genaue Kenntnis und Möglichkeit schnellen Be= stimmens der Intervalle (NB. nach dem Gehör, nicht durch Abzählen!) ist unerläßlich. Man übe sich darin!

B) Aufſtellung der Dreiklänge in dur.

Auf jeder Stufe der Tonleiter kann, mit Benützung der tonartlichen Intervalle, ein Dreiklang aufgebaut werden, indem die betreffende Stufe als 1 betrachtet wird. Wir ſetzen die zugehörigen Septakkorde gleich daneben.

1 3 5 (8), und 1 3 5 7, auf jeder Stufe der C dur= Tonleiter.

	I	II	III	IV	V	VI	VII
Dreiklang	c e g (c)	d f a (d)	e g h	f a c	g h d	a c e	h d f
Septakkord	c e g h	d f a c	e g h d	f a c e	g h d f	a c e g	h d f a
	I 7	II 7	III 7	IV 7	V 7	VI 7	VII 7

„Hauptdreiklänge" ſind die kadenzbildenden; die andern, alſo die der II, III, VI und VII Stufe heißen Nebendreiklänge. Sie unterſcheiden ſich von den Haupt= dreiklängen durch die kleine Terz; die drei erſten mit reiner Quint können deshalb mit moll=Dreiklängen ver= wechſelt werden: es ſind aber keine ſolche, ſondern Drei= klänge in dur. h d f (VII) heißt „verminderter Drei= klang", wegen der verminderten Quint. Er erſcheint meiſt in der erſten Umkehrung d — f — h. Der Leſer mache ſich mit den Umkehrungen aller genannten Drei= klänge vertraut!

Umkehrungen der Septakkorde.

Wir illuſtrieren die drei Möglichkeiten der Um= kehrung an dem wichtigſten, nämlich dem Dominant= ſeptakkord (V 7). Auch hier geſchieht die Umkehrung durch Verſetzung des jeweiligen Baßtons in die obere Oktav. V 7: g h d̄ f̄. Umkehrung: h d̄ f̄ ḡ: „Terzquint= ſextakkord, kurz: „Quintſextakkord". (Man erinnere ſich,

daß die Intervalle bei allen Akkordbezeichnungen
vom erklingenden tiefsten Ton aus gerechnet werden,
und nicht vom idealen Grundton aus, welcher hier in
allen Umkehrungen g bleibt.) Die zweite Umkehrung
d̄ f̄ ḡ h̄ heißt Terz = Quart (sext) = Akkord; die letzte
f̄ ḡ h̄ d̄: Sekundakkord. Man sieht: die Stellung der
beiden dissonierenden Töne, hier g und f, zum Baß
bezeichnet den Akkord. Die „Bezifferung" und Aus=
führung zeige Beispiel 17. Die anderen Septakkorde seien
zur Umkehrung bestens empfohlen! Auch bilde man die
genannten Akkorde in jeder Tonart.

Im obigen gaben wir eine rein schematische und
leblose Aufstellung, lediglich zum Zweck der Verständigung
betreffs der Benennungen. Wir müssen nochmals zum
Vorhalt und überhaupt zu den akkordfremden Tönen
zurückkehren, um weitere Bildungen sowohl als die eben
aufgestellten Nebendreiklänge verstehen zu lernen.

Uneigentliche Vorhalte.

Der Vorhalt ist nur dann ein eigentlicher, wenn er
dissoniert. Selbstverständlich! Denn wenn „die Bindung"
konsonierender Natur ist, d. h. wenn der vom ersten in
den zweiten Akkord herübergebundene Ton diesem neuen
Akkord auch eigen ist, so haben wir eben eine Akkord=
verbindung mit liegendem gemeinschaftlichen Ton. Da=
nach schiene der Vorhalt in die Septe ausgeschlossen, weil
von oben die Oktav, von unten die Sext konsonierender
Natur ist; der Anfang von Beispiel 18 (*) wäre also
kein Vorhalt, das f im Sopran keine Lösung, sondern
durchgehende Note nach e, der Terz des folgenden Ak=
kords, sogenannte „nachschlagende" Septime (von g h d f).

Dennoch wirkt die Stelle wie ein Vorhalt; das f, ob=
gleich Diſſonanz, erſcheint halb als Löſung, wenn auch
nicht als endgültige, ſo doch als vorübergehende. Die
Konſonanz kann ſehr leicht zu diſſonierender Wirkung
kommen, die Logik, die Analogie und auch der Rhythmus
kann ihre Auffaſſung als Diſſonanz bedingen!

In der Fortſetzung haben wir in dem herüber=
gebundenen e einen Vorhalt zur Quint (**); es liegt
nahe, durch Rückſchluß auch dem vorhergehenden g (*)
Vorhaltsbedeutung beizulegen. Noch ſicherer iſt die
Interpretation als Vorhalt in Beiſpiel 19. Hier werden
e und g herübergebunden in den neuen Akkord; ſie
bilden hier, äußerlich betrachtet, mit dem h des Baſſes
den Quartſextakkord h e g der III. Stufe (e — g — h).
Niemand aber hat hierbei die Empfindung dieſes Drei=
klangs III; vielmehr fühlen wir ſchon die Harmonie
g h d f, Dominantſeptakkord, voraus (als Quintſextakkord
h d f g); kurz, wir interpretieren als Vorhalt. Außer
der Analogie mit dem folgenden wirklichen Vorhalt
wirkt dahin noch die völlige Unſelbſtändigkeit, die Boden=
loſigkeit des Quartſextakkords, welchen wir am liebſten
nur als im Fluß und durchgehend begreifen. Hier
iſt ſein Übergang in die entſchiedene und kräftigere
Diſſonanz (*) etwas wie eine Erlöſung, wie die Löſung
eines Vorhalts.

In beiden Fällen übt aber auch der Rhythmus ſeine
Macht auf unſere Auffaſſung aus. Die Vollwirkung der
Diſſonanz iſt an den guten Taktteil gebunden, ſie muß ſtark
betont ſein. Das iſt gerade beim Vorhalt weſentlich! Um=
gekehrt aber ſind wir geneigt, bei einer vorhaltsgemäßen
Bewegung, wie hier, einen Vorhalt zu vermuten. Der
Grund dafür iſt folgendes. Jedes muſikaliſche Geſchehnis,

alfo jeder markante Akkordwechfel nimmt unfere Auf=
merkfamkeit gefangen; wir finden daran einen Halt; wir
betonen die Taktzeit feines Eintritts innerlich. Ist die
mufikalifch=rhythmifche Bewegung fchon deutlich für den
Hörer geworden, fo erwartet er umgekehrt auf jeden
betonten Taktteil (das ift hauptfächlich das erfte Viertel
eines jeden Takts, bei mäßiger Bewegung, oder, in
fchnellem Tempo, der Anfang jeder „Taktperiode",
welche die Zufammenfaffung von 2 oder 4 Takten
fein kann), daß etwas gefchieht, kurz daß der Akkord=
wechfel eintritt. Diefe Erwartung ift fo ftark, daß fie,
getäufcht, fich durch Interpretation fchadlos zu halten
fucht, d. h. das auf dem ftarkbetonten Taktteil Er=
klingende wird entweder als ein Neues, oder wenigftens
als die Vorbereitung, auch wohl Verzögerung des Neuen
betrachtet, alfo damit als Diffonanz. Das zweiftimmige
Beifpiel 20 verdankt feine harmonifche Beftimmtheit
in erfter Linie diefer Tatfache. Mit dem Einfatz der
oberen Stimme auf der Quint ift das c der unteren
unzweifelhaft als (diffonierender) Vorhalt (in die Terz h
des idealen Grundtons g) gekennzeichnet, obgleich die
Quint eine vollkommene Konfonanz ift, wenn man fie
nur harmonifch betrachtet! Ihr uns nicht angenehmer,
leerer Klang mag dazu mithelfen, daß wir das h als
Vorhaltslöfung fühlen, jedoch ift nicht das die eigentlich
wirkende Urfache, fondern der Rhythmus; denn in 21
geht die Tonika in die Dominant (zweiter Takt), ohne
daß wir den Eindruck eines Vorhalts hätten; g ift
liegender gemeinfchaftlicher Ton; der Einfatz auf der
Quint g im erften Takt gibt fich nur als nachfolgende
Konfonanz zu c.

Einen Vorhalt zur Septe von unten nach oben, alfo

von der Sext aus, zeigt das Beispiel 7 von Mozart (*).
Der ideale Grundton ist a, die Harmonie: a cis e g,
g ist die vorenthaltene Septe. Der Vorhalt ließe an
Deutlichkeit auch dann nichts zu wünschen übrig, wenn
das e der bewegten begleitenden Mittelstimme das fis
nicht vollends ins g fortstieße. Auch ohne das e wäre
der Akkord cis — a — fis nicht anzusehen als Konsonanz
(Quartsextakkord von fis — a — cis), sondern als Dissonanz, nämlich Vorhalt in den unvollständigen Quintsextakkord cis (e) g a, hier in der Stellung: cis a g,
wobei die (verminderte) Quint von cis durch die
(reine) Quart fis vorenthalten wird; vom natürlichen,
idealen Grundton aus gerechnet (also von a) haben
wir einen Vorhalt in die (kleine) Septime von der
(großen) Sext aus aufwärts. — Der Leser erinnere
sich an die Bemerkung zu Beispiel 14 (*). Der gleiche
Fall liegt in dem bekannten Volkslied: „Droben stehet
die Kapelle" vor. Auch bei einstimmigem Gesang ist
die natürliche Harmonie klar genug (Beispiel 22): den
ersten Takt beherrscht die Tonika (g h d); den zweiten
der Septakkord der Dominant, am besten in der ersten
Umkehrung fis d a c. Das d der Melodie (*) ist Vorhalt
in die Septe c, welche Auffassung bestärkt wird durch die
folgende Parallelstelle, die Antwort, in welcher ein eigentlicher Vorhalt in die Terz der Unterdominant (IV, c e g)
stattfindet.

Wir hatten früher schon Gelegenheit, von der Möglichkeit abgekürzten Verfahrens zu sprechen. So kann ein
Vorhaltsklang auch unvorbereitet eintreten. — Aber noch
mehr! Auch die Lösung kann auf freiere Art stattfinden,
oder gar verschwiegen werden! Wir illustrieren das mit
einigen ganz trivial gewordenen Wendungen, bei welchen

man sich keine weiteren Gedanken zu machen pflegt —
die aber doch schon komplizierterer Natur sind. Bei=
spiel 23: Das ā (*) ist (unvorbereitete) Vorhalts=
oder Vorschlagsnote zur Oktav des Dominantseptakkords
in C dur, g h d f; es springt, ohne daß diese Oktav
gebracht wird, abwärts nach h, welches sich dann
als Leitton aufwärts nach c löst; das g also —
welches eigentlich allein das a harmonisch zu recht=
fertigen scheint! — bleibt verschwiegen. Beispiel 23 a
zeigt das nicht abgekürzte, normale Verfahren, a löst
sich nach g und wird mit dessen Konsonanz h ver=
tauscht. In 23 b vertauscht sich die Dissonanz a mit
einer andern, f: None mit Septe; die Lösung der letz=
teren genügt für beide.

Eine kühne Ausbeutung der Möglichkeit, die Lösung
zu verschweigen, ist es, wenn der Vorhalts= oder Vor=
schlagston überhaupt als Vertreter der Konsonanz, zu
welcher er strebt, gebraucht wird, so daß die Tendenz zu
einem Ton allein zu dessen Darstellung genügen soll, wie
dies in Beispiel 24 geschieht. Es ist das: „Es muß sein",
im Finale des F dur=Quartetts op. 135 von Beethoven.
Die unharmonische Vorschlagsnote b wird hier geradezu
anstatt der akkordlichen Terz a gebraucht; es entstand diese
Fassung aus der wörtlichen Wiederholung auf I des Vor=
trags auf V. Die „Korrektur" würde das Thema seiner
eigentümlichen Wucht völlig berauben (24 a).

Demselben Verfahren der Unterdrückung der Lösung
verdankt jener infame Walzerakkord (*) sein leidiges Da=
sein: Beispiel 25. Das a ist hier beidemal Surrogat von
g; das erstemal als None des Grundtons g, an Stelle
von dessen Oktav; sodann als Sext des Grundtons c,
an Stelle von dessen Quint; c e a (*) ist nämlich hier

4*

durchaus nicht Sextakkord von VI : a c e, sondern die
Harmonie I c e g ist gemeint und wird auch gefühlt:
denn sie resultiert naturgemäß aus der V.

Häufig schieben sich zwischen den Vorhalt und seine
Lösung ein oder mehrere Töne ein, f. d. Variante zu
Beispiel 11 e.

„Vorausnahme."

Die Verzögerung eines akkordlichen Intervalls im
Vorhalt hat ihren Gegensatz in der Vorausnahme, welche
beim Akkordwechsel ein Intervall des kommenden Akkords
verfrüht zu Gehör bringt, also während der erste
Akkord noch herrscht; Beispiel 26 bringt eine Schluß=
phrase mit Vorausnahmen (*), wie sie besonders bei
Händel anzutreffen ist. Beispiel 27 ist dem ersten
Chor der Bachschen Motette: „Jesu, meine Freude"
entnommen. Der Sopran nimmt die Terz dis der
V h dis fis voraus (*), und stößt herb zusammen mit
dem e des Alts; die Wirkung ist trotzdem eine sehr
schöne; denn das Vorgefühl des kommenden Akkords
(der Dominant) ist so stark, daß einerseits die Voraus=
nahme nur diesem Gefühl Ausdruck gibt, andererseits
in der Führung des Alts sein Streben nach fis deutlich
genug ist, um das e gar nicht mehr eigentlich harmo=
nisch auffassen zu lassen: so ist die an sich sehr harte
Dissonanz nicht etwa nur zu dulden, sondern geradezu
schön zu nennen, denn sie ist der lebendige äußere Aus=
druck einer inneren Dissonanz, welche in dem Streben
eines Akkords zu einem anderen schon verborgen liegt.
Die Akkorde überhaupt sind eben nicht tote Steine, die
willkürlich zu= und aufeinandergefügt werden, sondern

lebendige Beziehungen, ſind Bewegung und Tendenz, or=
ganiſches Wachstum. Die erklingende Diſſonanz iſt nur
die Konſequenz ihrer innerlichen Unruhe! Wie weit man
in dieſer Konſequenz gehen darf, wo die Grenze der er=
laubten Diſſonanz iſt, das zu entſcheiden wird nie dem
Theoretiker gelingen, ſondern iſt dem Geſchmack und äſthe=
tiſchen Gewiſſen des Komponiſten anheimzuſtellen: dieſe
aber wechſeln mit der Zeit.

Abſchluß. In dem Obigen behandelten wir die Akkord=
folge, als durch das melodiſche Element belebt. Ein Leben
ohne Streit, ohne Diſſonanz gibt es nicht. Betrachten
wir die markanteſten Diſſonanzbildungen, den Vorhalt und
die Vorausnahme, ſo ſehen wir den tieferen Grund ihrer
Möglichkeit beim erſteren in dem Beharrungsvermögen,
in dem Willen des Vorhandenen, ſich gegen ein Neues
zu behaupten; bei der zweiten in der Ungeduld des
(natürlicherweiſe) Kommenden und Siegenden.

Jeder Akkord trägt den Keim ſeines Todes, ſeiner
„Auflöſung“ in ſich; der Tod aber iſt nicht das Gegen=
teil, ſondern nur die Kehrſeite alles Lebens und Zeugens.

Die einzelnen Individuen haben ihr dauerndes Leben
nur in der Art, welche die Summe, das Produkt und
die Einheit aller einzelnen iſt. So haben auch die Akkord=
individuen ihr Leben in der „Tonart“, zu welcher ſie
ſich einerſeits wie die Produkte, andererſeits zugleich wie
die Produzenten verhalten.

Leiterfremde Töne. Chromatik — künſtliche Leittöne.

Ein der Tonleiter fremder Ton iſt natürlich auch
der Tonart fremd. Sowenig aber die natürliche Diſſo=
nanz ein der Harmonie feindliches Element iſt — da

sie vielmehr die natürliche Tendenz eines Akkords zu heben
vermag, indem sie ihn gerade zwingender, den Eintritt
der neuen, reinen Harmonie wirksamer macht: so wenig
braucht ein der Tonart fremder Ton auf diese eine zer-
störende Macht auszuüben, falls er nur seinen logischen
Sinn hat; vielmehr kann er ebenfalls die Wirksamkeit
der endgültigen Widerherstellung der Tonart erhöhen.
In den dem Dreiklang fremden Tönen sehen wir eine
akkordliche, in den tonartfremden eine tonartliche Dissonanz (letztere kann zugleich mit einer akkordlichen verbunden sein oder nicht).

Die Beispiele 11 h sind chromatisch belebte Vari-
anten der C dur-Kadenz. Es erscheint zu Ende des
ersten Takts durchgehend die Harmonie e gis h d, deren
natürliche harmonische Bedeutung die des Dominantseptakkords von A dur oder a moll ist. Niemand aber
erwartet A dur oder a moll als Folge dieser Harmonie,
welche vielmehr durch die Übermacht des C dur-Gefühls
zu einem uneigentlichen Akkord, einer zufälligen Durchgangsbildung gestempelt wird; so zwar, daß das c
des Basses nicht Grundton, sondern Leitton-Terz nach f
ist, und so auch die anderen Intervalle als im Fluß
zur IV von C dur begriffen werden. Das gis des
Tenors ist (nicht akkordlich, sondern) tonartlich dissonierender, halb natürlicher, halb künstlicher Ausdruck des
Strebens von g nach a! Die Bewegung in halben
Tönen macht die Verbindung nicht nur mechanisch leichter,
indem sie zwischen den Ganzton noch eine Stufe ein-
schiebt, sondern auch innerlich zwingender, inniger, indem
sie einen künstlichen Leitton schafft, ein freizügiges, indifferentes Intervall in die tendenziöses umbildet. Das
gis des Tenors wäre also zum idealen Grundton c des

erften Takts (welcher im Gefühl weiterklingt, obgleich ihn
der Baß verlaffen hatte) alterierte Quint, künftlicher Quint=
Leitton. Die anderen Fälle müffen aus diefer Erklärung
heraus ebenfalls begriffen werden.

Ein weiterer Vorteil der künftlichen Halbtöne und
häufiger Anlaß zu ihrer Benützung liegt auf rhythmifchem
Gebiet. Eine einmal eingeleitete Bewegung (hier die
Viertelsbewegung) gibt man nicht gerne auf. Die Chro=
matik ift da fehr willkommen, denn fie bietet die reichfte
Möglichkeit mufikalifchen Gefchehens; fo wird durch das
dis im zweiten Takt von 11 hh die Unterbrechung der
Bewegung vermieden.

Die unveränderte, d. h. die Tonart natürlich und rein
darftellende Leiter heißt die diatonifche; die künftliche,
alterierte heißt die chromatifche Leiter; demgemäß ein der
erfteren angehörender Schritt von einem ganzen oder halben
Ton: ein „diatonifcher“, ein der künftlichen Leiter ent=
nommener: ein chromatifcher Schritt. Die chromatifche
Tonleiter von C dur heißt c cis d $\overset{(dis)}{es}$ e f fis g $\overset{(as)}{gis}$ a b h c;
abwärts: c h b a $\overset{(gis)}{as}$ g fis f ees d $\overset{(cis)}{des}$ c. Diefe Leiter ift
tonartlich fehr unbeftimmt. Ihre Zugehörigkeit zur C dur
kann nur erraten werden durch den Anfang und Schluß,
während bei der diatonifchen Leiter die Tonart deutlich
ift, ob fie auf der erften oder irgend einer anderen Stufe
anhebt.

Die Chromatik kann fowohl herbe Wirkung äußern
durch Diffonanzhäufungen, als auch — und das ift eigent=
lich das häufigere — der Mufik einen weniger energifchen,
ja oft weichlichen Charakter geben, und zwar eben dadurch,
daß fie den Ganzton, fowie die willkürlichen Schritte ver=

meidet. Mozart hat die Chromatik ausgiebig und mit
schönster Wirkung benützt. Nach ihm hat Spohr diese
Schreibweise in mehr süßlicher Art angewendet. Beethoven
hat gegenüber von Mozart die Chromatik jedenfalls nicht
weiter ausgebildet, eher kann man sagen, daß er wieder
mehr zur Diatonik zurückgegriffen habe. In der neueren
Musik dagegen ist die Chromatik mehr und mehr
Lebenselement geworden, und zwar in solcher Steige=
rung, daß man oft, halb im Scherz, halb im Ernst,
die nahe bevorstehende Einführung von Viertelstönen
prophezeit, „wenn es so weiter geht"; ich glaube aber,
daß man sich hierüber beruhigen kann. Fürs erste
nämlich würden Akkorde mit Viertelstönen nicht sowohl
schwerverständlich und kompliziert, sondern vielmehr wie
unrein gesungen oder gegriffen klingen. Sodann ist
auch jetzt noch aus der Chromatik Neues zu holen;
endlich aber liegt der Befürchtung, „es könnte so weiter
gehen", bis in die Viertelstöne hinein, entweder die
falsche Ansicht zugrunde, daß der Viertelston die logische
Konsequenz der begonnenen Entwicklung wäre, oder aber
die noch falschere Ansicht, daß mit der modernen
Chromatik schon ein ganz willkürliches, zügelloses und
unlogisches Dissonanzwesen in Gebrauch gekommen sei,
dem der Viertelston nur noch die Krone aufzusetzen
hätte. Nein! Unsere Chromatik liegt auf geradem
Weg mit der früheren diatonischen Musik, welche doch
auch ihre natürlichen Leittöne hatte und bei Gelegenheit
und ausnahmsweise auch künstliche zu bilden sich nicht
scheute.

Mag man über unsere heutige Feinfühligkeit für
harmonische Reinheit, vielmehr über unsere Dickhäutigkeit
gegen Dissonanzhäufungen denken, wie man will, mag man

vieles in unserer modernen Kunst auffassen als Raffine=
ment in der Verstärkung der Reizmittel; und mag man
endlich auch geltend machen, daß es durchaus nicht Stärke
der Nerven bedeutet, wenn die Stimulantia immer
stärker gewünscht werden: das alles kann richtig sein,
trifft aber nur Begleiterscheinungen und Verirrungen
der modernen Diktion, nicht ihr Wesen. Die Häufung
der Leittöne, der wir die alterierte Leiter und die
„alterierten Akkorde“ verdanken, ist uns nur vermehrte
Notwendigkeit der Bewegung; entspricht also einem rein
ästhetischen Prinzip! Wir lieben es nicht mehr, Akkorde
aneinanderzufügen, von denen der eine die freie Wahl
der Bewegung in verschiedene andere offen hat, sondern
der erste Akkord soll den Zwang seiner Lösung nach
einer bestimmten Richtung schon in sich tragen. Das
wurde um so notwendiger, je mehr die natürlichen
Akkordfolgen, wie V—I, durch die Gewohnheit ihrer Um=
gehung an ihrem ursprünglichen zwingenden Charakter
eingebüßt haben.

Wenn wir in unserer heutigen Instrumentalmusik
einmal einer längeren Folge von „normalen“ Dreiklängen
im alten Konsonanzenstil begegnen, so fällt uns das schon
auf, vielleicht ähnlich, wie einer früheren Zeit unsere
Chromatik und Septakkorde aufgefallen wären. Wir
haben das Gefühl des Fremdartigen, das sich je nach
der Darstellungsweise verschieden modifizieren kann: sei
es in den Eindruck des Energischen, Elementaren, des
Ungegliederten und Willkürlichen: des Lapidarstils; sei es
in die Schauer vor dem Erhabenen, Feierlichen: welche
unbeschreibliche Weihe breitet sich über den heiligen Dank=
gesang eines Genesenen an die Gottheit! (a moll=Quar=
tett op. 132 von Beethoven) — ja, mit großer Wucht

vorgetragen, können uns Folgen von Dreiklängen als
furchtbar und gräßlich erscheinen und geradezu Schrecken
einflößen. So ändert sich eben das Gehör! πάντα ῥεῖ:
das gilt in höchstem Maß von unserer Auffassung und
Interpretation!

Ein beliebter Vorwurf gegen das Neue ist eigentlich
nur eben seiner Beliebtheit, nicht seiner Bedeutung wegen
zu erwähnen: „Die Klassiker, wie etwa Mozart, haben
die Chromatik noch mit Maß gebraucht; die Heutigen aber
gebrauchen sie unmäßig." — Wer will es denn wagen,
hier oder dort einen Grenzstein zu setzen? Und wer ist
es, der das Maß bestimmt, als der Mensch, und zwar
der lebende und schaffende? — Ich kann mir nicht ver-
sagen, hier ein Beispiel (28) eines hinlänglich unmäßigen
Gebrauchs der Chromatik (nicht der Ausdehnung, sondern
der Häufung nach) anzuführen, das uns Mozart gegeben
hat (ein, beiläufig gesagt, sehr wenig „harmloser" und durchaus nicht „ewig heiterer" Komponist). Die mit * bezeichneten
Klänge sind aus frei einsetzenden, alterierten Wechsel- oder
Vorschlagsnoten gebildet; es sind das keine eigentlichen
Akkorde, sondern nur Tendenzen zum folgenden Akkord.
Je klarer die Tendenz ist, desto herber mag die Dissonanz
sein: sie wird doch nicht verletzen. Auf uns angewendet
würde dieser Satz so lauten: je mehr wir verstehen, desto
mehr können wir nicht etwa nur ertragen und entschuldigen,
sondern geradezu genießen. — Man erinnere sich dieses
Beispiels, wenn später von der Spaltung eines Tones
die Rede ist.

Von allen chromatischen Veränderungen der Tonleiter
sind die wichtigsten und natürlichsten, zugleich das Tonartgefühl am wenigsten verletzenden: die Erhöhung der
vierten Stufe zum Leitton in die fünfte, also in den

Grundton oder die Oktav der Dominant, in C dur demnach von f nach fis; und die Erniedrigung der siebenten Stufe (h) in den Leitton (b) abwärts zur Terz (a) der Unterdominant (IV). Die Tonleiter hieße fo: c d e f fis g a h c; abwärts: c h b a g f e d c. Ferner wird häufig die Unterdominantterz (a) erniedrigt (in as), f. Beispiel 11 h, zweiter Takt (f. später „gemischte Kadenz").

Die erweiterte Kadenz.

Beispiel 11 e bietet die Kadenz in bereicherter Form, durch Vorhalte, durchgehende Noten usw. klanglich belebt. Im Fluß der Erscheinung kommen hier jene Scheinkonsonanzen zum Vorschein, welche wir oben als Nebendreiklänge systematisch, aber oberflächlich genug aufgestellt haben. Die Bedeutung des e g h, „Dreiklangs der III. Stufe", erkennen wir in 11 e und 11 f. In letzterem Beispiel kommt er auf die zweite Hälfte des ersten Takts, und zwar als Konsonanz, Dreiklang mit kleiner Terz (e — g), im ersten Takt von 11 e erscheint er auf das letzte Viertel, aber als dissonierend, denn der Tenor hält c während des ganzen Takts fest, auf das letzte Viertel haben wir somit den Septakkord der ersten Stufe c e g h, und zwar in der ersten Umkehrung. Beim Spielen der beiden Beispiele wird ein harmonischer Unterschied nicht zu bemerken sein, denn auch bei 11 f klingt das c innerlich weiter. Daraus geht hervor, daß hier der „Dreiklang" III keine vollwertige Konsonanz, sondern unvollständige Dissonanz, nämlich Septharmonie der I. Stufe ist (mit verschwiegenem Grundton, der aber seine Macht doch nicht verliert); ferner, daß sowohl III als I_7 Durchgangsbildungen sind, welche dem Fluß der Tonikaharmonie

zu der Unterdominant ihr Dasein verdanken. — Beispiel
11 g: den abwärts gehenden Sopran kann noch eine weitere
Stimme in der höheren Terz begleiten, wodurch der
„Septakkord" der III. Stufe .e g h d entsteht: er ist
ebenfalls nach dem Obigen zu erklären, und zwar als
c e g h d, sogenannter Nonenakkord, mit verschwiegenem
Grundton c; ähnlich g g (*). — Dem Dreiklang der
II. Stufe d f a begegnen wir auf ähnliche Weise (11 f,
zweiter Takt (*)). Beispiel 11 i bringt diese Bildungen
mit verschwiegenen Dissonanzen, in einfacher Dreiklangsform.

Den Scheindreiklang e g h sehen wir am Schluß des
Beispiels 11 i noch eine andere Bedeutung annehmen (*).
Er tritt als Sextakkord (g h e) auf, im Durchgang zum
Dominantseptakkord, oder als Vorhaltsakkord zu diesem
(s. auch 11 f $\binom{*}{*}$; 11 gg $\binom{*}{*}$; oder er kann durch Vorausnahme erscheinen, wenn die Tonika ihre Terz in die Dominantharmonie vorausschickt (Beispiel 29 (*)). Ferner sehen
wir das e als Triller- oder Vorschlagsnote zu d auf der
Dominantharmonie erstarrt, d. h. unaufgelöst (Beispiel
29 aa); das dissonierende Wesen des e kommt noch deutlicher ans Licht, wenn die Septe f mitklingt; in 29 b ist
das e Durchgangsnote (auf gutem Taktteil) zur Dominant-
septe; in 29 bb ist es auf diesem seinem Wege aufgehalten
und dann zur Terz der folgenden Tonika benützt. So
erkennen wir in dem Dreiklang der III. Stufe hier den
Vorhaltsakkord zur V, der entweder dorthin seine Auflösung findet, oder unaufgelöst geradezu deren Surrogat
bildet. (Die Schlußfigur zu 29 bb ist sehr häufig.)
Die Betrachtung eines Nebendreiklanges als Durchgangsbildung und unvollständigen Septakkords wirft ein

helles Licht auf die Nebendreiklänge überhaupt und ihre akkordliche Bedeutung in der Tonart. Ich gestehe gerne, daß ich die folgende Darstellung den schlagenden Ausführungen Riemanns verdanke.

Die durch eingeschobene Nebendreiklänge erweiterte Kadenz bietet (etwas anders als in 11 i) Beispiel 30. Es liegt hier der in Beispiel 31 geschilderte Vorgang zugrunde:

1. Im ersten Takt gesellt sich zur Tonika I die Terz a der Unterdominant IV. Dadurch kommt die I, c e g, und VI, a c e, zusammen, kurz der Septakkord a c e g, nach äußerlichem Schein; in Wirklichkeit ist es ein Zusammenstoß der I mit IV, welche ihre Terz voranschickt, in die Tonika hineintreibt, wodurch diese sozusagen gesprengt wird und ihre natürliche Lösung in die IV nun auch äußerlich gezwungen findet. Somit wären die Töne e und g, 3 und 5 der I, sobald die Unterdominantterz a erklingt, beide als Vorhalte nach f (1 oder 8 der IV) zu fassen, dem Grundton c aber wird zu gleicher Zeit schon halb Quintbedeutung aufgezwungen. So haben wir in dem Septakkord a c e g nicht sowohl eine Durchgangsbildung, als vielmehr die Kombination oder auch den Kampf zweier Hauptdreiklänge zu erkennen. Der reine Dreiklang der VI. Stufe a c e (Beispiel 30) ist aber nichts anderes als unvollständige Dissonanz, Scheinkonsonanz: Septakkord a c e g mit verschwiegener Septe, oder besser der unwirksame Zusammenstoß der I und IV, wobei der Streit durch Verflüchtigung der Tonikaquint vermieden wird.

2. (Beispiel 31, zweiter Takt.) Die gleiche Erklärung finde der Nebendreiklang II, d f a: Nach Ausscheidung

der Tonikareſte tritt die reine Unterdominant IV auf.
Zu ihr tritt ein Vorbote der folgenden V, nämlich
deren Quint d: ſo entſteht der Septakkord d f a c,
der ebenfalls den Moment des Kampfs zweier Haupt=
dreiklänge, V und IV, bedeutet. Das d uſurpiert
mit ſeinem Eintreten das Recht eines akkordlichen
Tons, wodurch alle Beſtandteile der IV unakkord=
lich und in die Harmonie V gezwungen werden. Sie
müſſen von ihrem Platz weichen: mit Ausnahme des f,
welches Grundton oder Oktav der IV war und jetzt
als Septe, Diſſonanz im neuen Akkord (V) ſich be=
hauptet und dieſen wieder in die I zieht (dritter und
vierter Takt.)

Aus dem Weſen der Nebendreiklänge, als der Kom=
binierung zweier Hauptdreiklänge, gehen folgende Mög=
lichkeiten hervor.

1. Ein Nebendreiklang kann auf einen der beiden
Hauptdreiklänge, deren Kombination er iſt, bezogen werden,
und zwar auf denjenigen, welchen wir dem Rhythmus
nach erwarten. Die Normalkadenz mit verſchobener Be=
tonung: Í Ĭ | V́ Ĭ iſt wirkungslos; dagegen ſind die
Kadenzen mit Nebendreiklängen, wie ſie in Beiſpiel 30 a
und aa vorliegen, obgleich verſchieden betont, ziemlich
gleichwertig: denn mit der Betonung wechſelt unwillkür=
lich die Bedeutung der Akkorde,. ſo daß beidemal die
untergeſchriebenen Klänge gefühlt werden, obgleich ſie durch
verſchiedene Akkorde vertreten werden. So hat bei a´ der
Nebendreiklang VI, betont und auf eine Zeit eintreffend,
wo wir die IV erwarten, die Bedeutung eines Vorhalts=
akkords zu dieſer letzteren; bei aa dagegen iſt er nur
Ausläufer der Tonika; demſelben Wechſel unterliegt der

Nebendreiklang II: er wird bei a schon als Vorhalt auf V bezogen, während er bei aa Ersatz und Vorbereitung der IV ist.

2. Statt eines Hauptdreiklangs kann der eine kleine Terz tiefer liegende Nebendreiklang, als dessen Vertretung, stehen — (daß die Tonika am Schluß keine anderweitige Vertretung duldet, ist selbstverständlich). Beispiel 32 ist die Kadenz mit Ersatzakkorden. Die Vertretung der V durch III erzielt hier eine matte Wirkung; gerade beim Schlußfall verzichten wir am wenigsten gern auf den natür= lichen Quintschritt; besser wirkt die oben besprochene Form des Sextakkords g h e (s. Beispiel 29, 29 aa), oder vollends 33 a (Kadenz mit Nebenseptakkorden), oder 33, welches die eigentliche Dominant bringt. Übrigens fehlt im letzten Fall das wirksame Moment der Spannung: II und V haben einen gemeinsamen Ton (d).

Der Quartsextakkord von I vor der V (g c e, Bei= spiel 30 und aa; Beispiel 7: a d fis) hat nicht Tonika=, sondern Dominantbedeutung, ist (konsonierender) Vorhalts= akkord zur V, weshalb er in unseren Beispielen meist als V bezeichnet ist, nicht als I ($\frac{6}{4}$).

Der verminderte Dreiklang (VII h d f) ist nicht einmal Scheinkonsonanz, sondern unvollständiger Dominantsept= akkord (g) h d f, mit verschwiegenem Grundton.

Der Dominantseptakkord.

Aus dem einen Ton c sahen wir Oktav, Quint und Terz sich entwickeln; die ebenso natürlich aus ihm folgende Septe b betrachten wir im bisherigen als akkordfremd, dissonant. Sie ist es auch, denn sie ist zwar in dem

Grundton c schon enthalten, zerstört aber zugleich auch den auf ihn gebauten Dreiklang c e g, indem sie ihn zur Lösung in den Folgeakkord zwingt. Die natürliche Septe (kleine 7) bildet mit ihrem Eintritt kein eigent= liches Ereignis (weshalb sie auch unvorbereitet einsetzen mag), sondern ist nur ein weiterer Leitton, und zwar abwärts, also nur die Ergänzung zum Leitton aufwärts (Terz), in welchem der natürliche Zug eines dur= Klangs, eines Dreiklangs mit großer Terz zu dem eine Quint tiefer liegenden Akkord seinen Ausdruck findet. In Wirklichkeit ist die Ruhe des Dreiklangs schon mit dem Eintritt der Terz gestört; die Septime verstärkt nur den Zwang zur Bewegung. Sie ist vollkommene, die Terz: halbe Dissonanz. Kein Akkord kann sich auf die Dauer selbst angehören: er muß einen anderen erzeugen. Dieser Zwang ist beim Schlußakkord der Kadenz künstlich vermieden; nach der Wiederherstellung der Einheit in der Tonart verlangt das Ohr nichts mehr zu hören; die Kadenz ist ein überharmonisches Gebilde. Der vollen Schlußwirkung kommt der Um= stand zu Hilfe, daß nach dem Leitton h in die Oktav der Tonika die natürliche Septe b, welche in dem Grund= ton c der I schlummert, nicht geweckt wird, denn die Erinnerung an das h (welches harmonisch das b aus= schließt) ist zu mächtig; dadurch verliert die Terz der Tonika etwas von ihrer Leiteigenschaft, weil ihr der er= gänzende Leitton abwärts, eben die kleine Septe fehlt. Andererseits aber ist dadurch noch klarer, daß am An= fang die Tonika ihre Dominantwirkung ausüben muß und die Unterdominant im Gefolge hat. Die Tonika kommt also erst am Schluß, durch genügende Vorbereitung, durch Gegensätze, zur abschließenden Wirkung, zur Ruhe, also zu ihrer eigentlichen Tonikabedeutung! Ihre natürliche innere Bewegung muß erst künstlich unterdrückt werden. Danach wäre der eigentliche Repräsentant der Tonart in erster Linie die Dominant, welche mit innerer Notwendigkeit zur Tonika führt!

In der natürlichen Dominanteigenschaft des Dreiklangs begreifen wir auch den Grund, warum die Mehrzahl der Musikstücke mit einem Auftakt anfängt. Der Auftakt ist nichts anderes als der metrische Ausdruck einer harmonischen Eigenschaft: sowohl im Auftakt, d. h. in der Auffassung eines Zeitwerts als unbetont, als auch in der Dominant, d. h. in der Auffassung eines Klangs als Vorbereitung zu einem folgenden, gibt sich das Gefühl der Erwartung kund; dem Erwarteten, dem Ziel erst lassen wir die volle Betonung zukommen. Die nicht auftaktigen Motive und Melodieanfänge sind seltener und machen weniger den Eindruck des Natürlichen, vielmehr entweder denjenigen des Energisch = Gewaltsamen, oder auch des Unvollständigen (als ob etwas verschwiegen worden wäre), je nach dem Sinn und der Kraft des Anfangs.

„Lösung" des Septakkords. Die Führung der konsonierenden Intervalle ändert sich durch die Gestaltung der Dominant als Septakkord nicht. Die Septe selbst leitet naturgemäß einen halben Ton abwärts, und behält diese Eigenschaft in allen Umkehrungen: Beispiel 34. Die Aufwärtsführung der Septe ist falsch (Beispiel 34 a); sie verkriecht sich hier in die Oktav eines in beiden Akkorden konsonierenden, also im ersten schon vorhandenen Tons (g); das ist keine Lösung, sondern bloße Verflüchtigung der Dissonanz.

Die Septe iſt als diſſonierender und mächtigerer
Leitton gegen Verdoppelung noch empfindlicher als die
Terz.

Im ſtrengen alten Chorſtil begegnen wir dem un=
vollſtändigen Dominantſeptakkord: dem verminderten Drei=
klang, h d f (welcher den eigentlichen Grundton ver=
ſchweigt); und zwar mit einer häufig, ſogar regelmäßig
angewandten harmoniſchen Unregelmäßigkeit: die ver=
minderte Quint (ideale Septe) f wird verdoppelt und
muß deshalb — ſollen nicht Oktavfortſchreitungen ent=
ſtehen — von einer Stimme (ſ. Beiſpiel 43) (*) den
Tenor) ihrer Tendenz entgegengeführt werden. Es hat
das wenig auf ſich: einmal genügt die andere Stimme
dem natürlichen Gebot; dann auch iſt ja die Sept=
eigenſchaft des f nur idealer Natur. Der Hörer kann
ſich ſomit zufrieden geben — ein feinfühliger Sänger
aber, welcher die einzelne Stimme ausführt, wird immer=
hin das g von f aus aufwärts nicht ohne Widerwillen
nehmen.

Die Gewohnheit ſolcher Ausnahmen, die Möglichkeit
ſolcher Ignorierung eines klaren harmoniſchen Bedürf=
niſſes mag entſtanden ſein durch den häufigen Gebrauch
einer eigentlich un= oder gegenharmoniſchen, äußerlich
logiſchen Bildung, welche die Akkorde ihrer natürlichen
Bedeutung beraubt, nämlich der:

Sequenz. (Exkurs.)

Der Name bedeutet: Folge, Fortſetzung einer einge=
leiteten Akkordbewegung; und zwar iſt die Wiederholung
des Gleichen auf verſchiedenen Stufen innerhalb der Ton=
art gemeint. Die Logik in der Wiederholung, das Be=
harren in einer angefangenen Bewegung beſiegt die har=

monifche Logif, und geftattet harmonifch falfche Stimmführung und Leittonverdoppelung.

So fehen wir den verminderten Dreiflang h d f in Beifpiel 35 (*) als den anderen Dreiflängen ebenbürtig auftreten, und im Quintfchritt abwärts wie die anderen weitergeführt. Der Ton h verliert feine natürliche Leit=ton(terz)eigenfchaft; die Analogie mit dem vorhergehen=den prägt ihn zum wirflichen Grundton um, und er nimmt an der natürlichen Bewegung eines folchen teil, auch ift damit feine Oftavverdoppelung unbedenflich ge=worden. In Beifpiel 36 (NB.) wird auch die ver=minderte Quint oder ideale Septe f aufwärts geführt, indem die angefangene melodiöfe Bewegung auf fie angewendet wird und ihre natürliche Tendenz ver=geffen läßt.

Die Nebendreiflänge alfo gewinnen hier an Eigen=wert; andererfeits verlieren die Hauptdreiflänge und finken zu der Bedeutung der anderen Klänge herab; die Kadenz in Beifpiel 35 (NB.) ift ganz wirfungslos, ohne den ihr zufommenden abfchließenden Charafter; die Bewegung, einmal im Gang, könnte ins Unendliche fortgefetzt werden; nur der Überdruß an der Wiederholung gebietet Halt; harmonifche Gefetze vermöchten fie nicht mehr zu hemmen, nachdem die harmonifche Bedeutung der Affode einmal ausgelöfcht ift.

Betrachten wir die Baßführung in Beifpiel 36, fo finden wir ein mufifalifches Motiv auf verfchiedenen Ton=ftufen zwar wiederholt, aber damit auch variiert: da nur leitereigene Töne benützt werden, fo muß die Qualität der Intervallfchritte fich ändern, und wir fehen je nach den Stufen einen fleinen Sefundfchritt mit einem großen, einen fleinen Terzfchritt mit einem großen beantwortet.

5*

Es ist dies ein Vorzug der Sequenz. Außerdem bietet
sie diejenige Befriedigung, welche jede logische Fort=
führung gewährt, eine Art Sicherheitsgefühl und Be=
haglichkeit. Dieser Reiz aber der Regierung akkord=
lichen Strebens, des Triumphs der Logik und Analogie
über den eigentlich harmonischen Sinn schlägt durch
unmäßigen Gebrauch ins Gegenteil um: die Sequenz
macht dann Langeweile und Überdruß; wir empfinden
sie als plump, als „Dummheit der Schwerkraft oder
des Beharrungsvermögens"; wir finden in ihr ein
unkünstlerisches Sichhingeben an ein Schema seitens
des Komponisten. Für diesen ist die Sequenz auch eine
wirkliche Gefahr: denn sie bietet ihm die Möglichkeit,
ohne eigentlichen Gedanken weiterzumachen, ein Motiv
totzureiten. Diese Möglichkeit ist denn auch so ausge=
beutet worden, daß die Sequenz heutzutage fast in Verruf
gekommen ist.

Um auf Beispiele schönster Sequenzwirkungen auf=
merksam zu machen, sei ein bekanntes Lied: „Sonntags
am Rhein" von Schumann erwähnt. Es erklingt eine
Sequenz zu den Worten: „Vom Dorfe hallet Orgelton,
es tönt ein frommes Lied" usw. — eine sehr poetische
Anwendung, die uns hier in die Stimmung einer von
fern gehörten, weihevollen Feier zu versetzen vermag (dem
episch breiten Orgelstil ist die Sequenz von jeher günstig
gewesen). — Bedeutsam wieder aufgenommen wird dann
später die Sequenz zur Begleitung der Textworte: „und
spricht von alter, guter Zeit, die auf den Fels ge=
baut." — — —

Tonmalerische Verwertung findet die Sequenz in
der Löweschen Ballade: „Die nächtliche Heerschau"; sie
schildert, wie die Losung, geflüstert, von Glied zu Glied

geht. (Beispiel 37, Text: „Der Feldherr sagt dem
nächsten ins Ohr ein Wörtchen leis; das Wort geht
in die Runde, klingt wieder fern und nah — —".)
Die Imitation ist nicht ganz streng durchgeführt. —
Es ist eine Kette von Vorhaltsakkorden, so zusammen-
geschweißt, daß immer ein neuer Vorhalt in dem Moment eintritt, wo der erste sich löst. In Beispiel 38
geben wir ein Schema in strenger Imitation. In 39
bekommen wir den Septakkord auf jeder Tonstufe, abwechselnd vollständig und unvollständig (mit fehlender
Quint). Beispiel 40 bietet dasselbe variiert; der Alt
hält sich diesmal nicht mit dem Sopran, sondern mit
dem Tenor in Terzen, wodurch eine weitere Vorhaltsbildung (Nonenvorhalt zur Oktav) zum Vorschein kommt.
Die alte Bezifferung nimmt jedes Gebilde für sich und
bestimmt es, indem die erklingenden Töne so umgekehrt
werden, daß sie in Terzen liegen; somit wäre der zweite
Akkord des ersten Takts als Nonenakkord zu bezeichnen,
mit fehlender Quint: b — d $\underline{^{(f)}}$ a c. Es liegt aber nichts
anderes als bei der entsprechenden Stelle in 39 vor,
nur daß ein weiteres Verzögern stattfindet, eine kleine
Verschiebung, keine Veränderung. Zu weiterem Beweis,
wie oberflächlich die Bezifferung ist, vergleiche man Beispiel 40 a mit b. Beide weisen durchaus dieselben
Harmoniefolgen auf, nur mit etwas veränderter Darstellung. Die Bezifferung aber nimmt den ersten Akkord
des ersten Takts bei a) als erste Umkehrung des
Septakkords f a c e s (womit sie im Recht ist); bei b)
dagegen definiert sie den Klang als Septakkord a c e s g,
womit sie nicht recht hat, denn er ist dasselbe wie
oben, nur mit verzögertem f, der Sexte zum Baß,
der Oktav zum idealen Grundton; unberechtigt ist

auch die Bezeichnung des zweiten Akkords als Nonen=
akkord. (Vergl. auch 40 bb; der Sopran weicht hier der
Dissonanz aus.)

Man täuscht sich, wenn man die einzelnen Bildungen
als eigene Akkordwesen betrachtet; die Täuschung wird
begünstigt durch den Umstand, daß die Harmonien weiter=
schreiten, ohne die Lösung abzuwarten; während der Vor=
halt sich löst, erscheint schon ein neues Klangbild, in
welchem ein vorher konsonierendes Intervall dissonant
wird. So ist jede Dissonanz hier vorbereitet, und jede
löst sich regelrecht, aber indem ein Vorhalt den anderen
sofort ersetzt, indem jedes Rätsel durch eine ein neues
Rätsel enthaltende Antwort gelöst wird, entsteht eine
dauernde Spannung, welche entschieden von großem Reiz
ist (wenn die Gefahr der Abnützung vermieden wird). In
der freien und ausgedehntesten Anwendung dieses Prinzips
der Bewegungsnotwendigkeit (welches in der Sequenz mit
Vorhaltsakkorden sozusagen schematisiert ist) — in der
Verabschiedung des konsonanten Stils, welcher eben Drei=
klänge aneinanderreiht (indem er deren oben aufgedecktes
innerlich dissonantes Wesen verschweigt) — in der Be=
freiung der Dissonanz, welche vorher ein ängstliches und
gebundenes Dasein geführt hatte und durch eine Menge
von Regeln beschwert sich nur ausnahmsweise auf ihrem
rechtmäßigen Boden hat ergehen dürfen; in der Behand=
lung der Dissonanz als Regel hat Bach einen Schritt
zur modernen Empfindungsweise getan, dessen Größe wir
heute nur dann ermessen können, wenn wir bedenken,
daß seine Werke bis zu Mendelssohns Großtat ihrer
Wiedererweckung in unfruchtbarem Schlafe ruhen mußten,
und wenn wir eine genaue Kenntnis der Vor=Bachschen
Musik haben.

Beispiel 41 zeigt eine Sequenz mit lauter „Nonen=
akkorden"; 41a ist dasselbe in anderer Lage der Ober=
stimmen.

Noch unersättlicher in Vorhalten ist das Beispiel 42.
Die Bezifferungswut der alten Theoretiker wollte auch
solchen Bildungen beikommen; und so führte ein Zu=
sammenerklingen von c f h d g (*), in Terzen geordnet:
c (e) g h d f, oder von f a e h c g (**), in Terzen
geordnet: f a c e g h, zur Konstatierung von Akkord=
ungeheuern wie (Terz= Quint= Sept= Non=) Undezim=
Akkord. Schon längst ist solcher Ballast über Bord ge=
worfen worden; und zwar wird schon der Nonenakkord
nicht mehr als vollbürtig betrachtet, weil ihm die Um=
kehrungsfähigkeit, welche das Charakteristikum eines nor=
malen Akkords sei, abgehe. Der Grundton kann nämlich
nicht Oberton werden, der Nonakkord kennt nur andere
„Lagen", welche durch verschiedene Stellung der oberen
Intervalle entstehen (s. Beispiel 41 und 41a). — Übrigens
pflegt man noch zu unterscheiden zwischen dem „Nonen=
vorhalt", der sich innerhalb der gleichen Harmonie in
die Oktav auflöst, und zwischen „Nonenakkorden", welche
mit der Auflösung in eine andere Harmonie führen, sei
diese nun selbst wieder dissonierend, wie bei den obigen
Sequenzen, oder konsonierend, z. B. V—I, g h d f a —
c e g. Dem letzteren Fall, auf die Dominant beschränkt,
werden wir zum Beschluß noch eine eigene Untersuchung
widmen.

Wir haben uns mit dem Obigen vorerst auf die drei
kadenzbildenden Harmonien zurückgezogen. Die Neben=
dreiklänge und =Septakkorde erkannten wir einerseits als
Durchgangsbildungen innerhalb der Kadenz, oder als
durch Ineinandergreifen der Hauptdreiklänge entstanden;

andererseits sahen wir sie in der Sequenz ein künstliches
Scheinleben als ebenbürtige Klänge führen, das sie aber
nur der Analogie, der Macht der Logik verdanken. Die
Kehrseite davon war der Umstand, daß die Hauptdreiklänge
dafür an Qualität verloren.

Die Kadenz mit weiterem Ausholen, oder Rückfall nach einer Dominantseite.

In Beispiel 11 bot die Harmonisierung der Skala
die Kadenzhauptklänge, und zwar in zwei, sich nicht
ganz entsprechenden Hälften. Der natürliche Gang der
Tonika zur Unterdominant wird verzögert, indem erstere
vorher in die Oberdominant steigt, wodurch dann die
Unterdominant durch zweimaligen Akkordfall im Quint=
schritt abwärts erreicht wird: V — I — | IV. Soll die
zweite Hälfte der ersten gleichen, so muß sie nach
Beispiel 11α geändert werden; und zwar wäre, damit
sie genau der ersten entspricht, die Terz des Neben=
dreiklangs II, f, in fis zu erhöhen; dieser stünde dann
zur V im selben Dominantverhältnis wie V zu I, ist
also Dominant der Dominant von C dur (nicht der
Dominant von G dur, am allerwenigsten D dur=Tonika!).
Die Tonart C dur wird nicht verlassen, sondern nur
ihre Tonika mit weiter ausholendem Anlauf durch doppel=
ten Quintschritt abwärts erreicht. Das fis ist nicht Be=
standteil von G dur, sondern ein künstlicher Leitton inner=
halb C dur, demnach eine tonartliche Dissonanz, nicht
eine Konsonanz in einer anderen Tonart; alterierter
Ton in C dur, nicht leitereigner in G dur. Die An=
wendung solcher Erweiterung illustriere ein Choralan=
fang: Beispiel 43. Es wird hier die tonartliche Disso=
nanz fis durch das spätere f zurückgenommen, das C dur

steht gereinigt wieder da; aber auch ohne diese Wieder=
herstellung wird die Tonart nicht zerstört, wie die Be=
handlung in Beispiel 43a und b zeigt. In 43b ist durch
ein NB. eine Akkordfolge markiert, welche harmonisch einer
Kadenz von G dur gleichkommt. Akkorde g h d; (c) e g;
d fis a; g h d; I, IV, V, I in G dur; die Kadenzwirkung
dieser Akkorde wird verhindert durch den verschobenen
Rhythmus; die Akkordfolge bleibt für das C dur=Gefühl
unschädlich.

In Beispiel 43a könnte der Dreiklang der sechsten
Stufe a c e als Ersatz der Unterdominant aufgefaßt
werden, mit welcher er a und c gemeinschaftlich hat,
auch könnte sie noch durchgehend erscheinen, wenn der
Alt in Vierteln ginge: von e über f nach g. Den
eigentlichen Ersatz für IV sahen wir oben in dem Drei=
klang d f a (II); das d fis a vor dem Schluß von 43b
können wir entweder als alteriertem Ersatz denken, oder
es ist das Ganze als „einseitige Kadenz" zu betrachten,
welche bloß von der Richtung der Oberdominant her die
Tonika herbeiführt.

Dem künstlichen Leitton aufwärts (fis) zum Ober=
dominantgrundton entspricht der künstliche Leitton abwärts
(b) zur Unterdominant (und zwar zu deren Terz a).
Er ist tonartlich künstlich, alteriert; harmonisch aber ent=
springt er natürlicherweise aus dem Grundton c der
Tonika, als dessen kleine Septe.

a) Innerhalb der Kadenz gefährdet er die Tonart
mehr als das fis: seine Widerrufung durch h ist schon
deshalb notwendig, weil wir den Leitton zur abschließenden
Tonika ungern vermissen; ferner aber ist die Tonika in
ihrer Bedeutung durch die Unterdominant überhaupt
mehr gefährdet als durch die Oberdominant, denn der

tiefer liegende Akkord will uns leicht als Ziel erscheinen; zur Kadenzwirkung ist die Oberdominant der wichtigste Faktor; s. Beispiel 12.

b) Nach Abschluß der Kadenz, also nach genügender Fixierung der Tonart hat der „charakteristische Ton" der Unterdominantseite, d. h. eben der Leiton (b), seinen eigentlichen Platz und braucht da auch nicht mehr wider= rufen zu werden. Die Tonika, als solche energisch fest= gestellt, äußert noch einmal ihre dominantartige Wirkung, sinkt zur Unterdominant herab und kehrt zu sich selbst zurück. Es ist das kein weiterer Abschluß, sondern ein Anhang, ein Ausklingen, eine Verabschiedung des Hörers (Coda).

Auch die Nebendreiklänge können durch künstliche Leittöne, also durch künstliche Dominantwirkung eingeführt werden, s. Beispiel 44, 11h 12.

II. Das moll=Geschlecht.

Der verkehrte Dreiklang und die verkehrt=natürliche Akkordfolge.

Mit dem Ausdruck „verkehrt" soll bloß die um= gekehrte Bildung des Dreiklangs bezeichnet und keine Kritik geübt werden; das Wort „Umkehrung" hat schon seinen harmonisch=theoretischen Sinn, weshalb wir es hier ver= meiden.

Der moll=Dreiklang, z. B. f as c (f moll); c es g (c moll), wird gewöhnlich bezeichnet als „Dreiklang mit kleiner Terz", wobei von dem tiefsten Ton aus gerechnet wird. — Die tiefere Betrachtung aber sieht in ihm eine

gleichartige (nur verkehrte) Bildung, welche dem dur=Drei=
klang entspricht und dessen Gegenbild ist: einen Dreiklang
mit reiner Quint und großer Terz, nach unten: f as c;

c es g. — (Der eigentliche moll=Dreiklang ist eine origi=
nale, vollbürtige Harmonie und nicht zu verwechseln
mit den moll=ähnlichen Nebendreiklängen in dur.) —
Die gegensätzliche natürliche Entwicklung aus einem
oberen Ton nach der Tiefe bietet in gleicher Weise, wie
wir es beim dur=Klang gesehen haben, zuerst die Oktav,
dann die Quint, hierauf die große Terz, endlich die kleine
Sept: also: A c es g $\bar{c}$ $\bar{g}$ $\bar{\bar{g}}$. Unser Ohr vernimmt diese

Töne, welche sich nach unten entwickeln, nicht; wir er=
schließen diese Reihe nach Analogie der erstaufgeführten
Reihe der Obertöne. Der Widerspruch, welcher in einem
„oberen Grundton" liegt, begründet wohl den weicheren,
weniger energischen Charakter des moll gegenüber dem
dur. Es ist aber diese Wirkung auch das einzige, was
uns von dieser verkehrten Struktur zum Bewußtsein kommt;
unser Gefühl kann sich damit nicht abfinden, sondern hält
immer an dem tiefen Ton als dem Grundton fest. Er=
klingt c — es — g, so wird g sofort als Quint nach oben,
c als der Grundton interpretiert. Mit diesem Gefühl
stimmt die Praxis überein, welche den moll=Dreiklang als
„Dreiklang mit kleiner Terz" ansieht.

Der moll=Klang ist ebensogut Tendenz wie der dur=
Klang; die große Terz nach unten ist Leitton abwärts
(Beispiel 45); die kleine Septe (a) nach unten ist Leitton
aufwärts (s. 45a). Somit sagen wir: Das dur ist
seinem Wesen nach Oberdominant, das moll

Unterdominant; ersteres ist das Höherliegende und führt im natürlichen Quintschritt abwärts; letzteres ist das Tieferliegende und führt im natürlichen Quintschritt aufwärts (oder Quartschritt abwärts, welchen der Baß als scheinbaren Fall lieber ausführen wird).

Die reine moll=Kadenz.

Sie müßte im Gegensatz zur dur=Kadenz durch das zweimalige Setzen des Unterdominantverhältnisses ge= bildet werden: Beispiel 46. Der Leser erinnere sich an die Beschreibung der dur=Kadenz und wende die dort gegebenen Gesichtspunkte auf diese zwar gegensätzliche, aber gleichartige Bildung an. Durch den ersten Akkord= schritt aufwärts wird ebenfalls ein scheinbarer Abschluß erreicht, in dem aber ein tonartlicher Gegensatz liegt (Unterdominantwirkung der Tonika c es g; falsche Tonika= wirkung der Oberdominant, Wiederherstellung durch die zweite Hälfte). Auch die Cäsur ist vorhanden. In der abschließenden Tonika ist ebenfalls ihre natürliche Tendenz ausgelöscht, nämlich ihre Unterdominantwirkung (wie die Dominantwirkung bei der abschließenden dur= Tonika).

Die Oberdominant hat hier ebenfalls moll=Bildung; es schwächt das die Wirkung ab, und man findet sie in der Anwendung meist mit erhöhter Terz, als dur=Klang. Diese gemischte Kadenz (in der Praxis die Regel) nennt man:

Dur moll=Kadenz.

Sie ist in Beispiel 47 und 47a dargestellt. Letzteres ist der gewöhnliche Gebrauch, es ist die Imitation der dur= Kadenz in moll; zweimaliges Oberdominantverhältnis findet statt, nur daß die erste Akkordfolge keinen Leit=

ton hat und die moll=Tonika ihrer Natur zuwider ober=
dominantartig wirken muß. — Die Töne der üblichen
moll=Kadenz (Beiſpiel 47a), welche die konventionelle,
wenn auch nicht reine Darſtellung der moll=Tonart iſt,
ergeben in melodiſcher Ordnung die „harmoniſche" moll=
Tonleiter c d es f g as h c. Der Leitton h zur Oktav
aufwärts, alſo die große Oberterz der Oberdominant iſt
demnach, praktiſch betrachtet, als dem c moll eigen an=
zuerkennen, wenn auch das vorgezeichnete b damit in
Widerſpruch ſteht.

Die gemiſchte dur- (molldur-) Kadenz.

Sowenig der moll=Charakter in der gemiſchten Kadenz
durch den dur=Klang auf der V. Stufe geſtört wurde, ſo
gut verträgt auch die dur=Kadenz den moll=Klang auf der
IV. Stufe, ja in beiden Fällen hat eigentlich jede der
beiden Dominanten ihre natürlich reine Geſtalt. Somit
iſt Beiſpiel 48 eine vollwirkende dur=Kadenz (ſ. auch das
as in Beiſpiel 11h).

Man ſieht: jede der beiden natürlichen Dominanten
kann ſowohl in einen dur=Klang als in einen moll=Klang
führen. Die Wahl zwiſchen den beiden Möglichkeiten be=
ſtimmt die gewollte Tonart.

Die Verbindung zwiſchen IV und V iſt in den beiden
gemiſchten Kadenzen (47a und 48) eigentlich hergeſtellt,
wenn auch in diſſonierender Weiſe.

Die natürliche Löſung der natürlichen Unterdominant=
form (d. i. des moll=Klangs), wie ſie in Beiſpiel 45a
und 49 vorliegt, kann nämlich durch eine andere, harmo=
niſch kompliziertere, aber unſerm Gefühl durchaus an=
gemeſſene Löſung umgangen werden: Beiſpiel 49a. Bei=
ſpiel 50: Wir ſind immer geneigt, dem tiefſten Ton

größere und womöglich grundlegende harmonische Bedeu=
tung beizulegen. Nachdem die Unterdominant durch die
oberdominantartig wirkende Tonika herbeigeführt ist, macht
sie sofort auch ihre Tendenz geltend, sie gebiert die natür=
liche Untersepte (kl. 7, d) aus sich. In diesem Moment
schlägt die Harmonie um: wir empfinden das tiefere d
als harmonische Note, die oberen als dissonierend: c und
as als Vorhaltsnote abwärts nach h und g; damit aber ist
der ideale Grundton g gesetzt. Unser Gefühl bildet die
natürliche Unterdominant, sobald sie sich zum Septakkord
vervollkommnet hat, in die dissonante Vorhaltsgestaltung
der Oberdominant um! Das anfangs konsonierende f
(Unterquint) bleibt und wird natürliche Oberdominantsepte.
(Die Schlußtonika kann dur oder moll sein.)

Diese „gemischte" Kadenz dürfte überhaupt theo=
retisch als das Original der Kadenz zu betrachten sein.

Die moll-Tonleiter, Aufstellung der Akkorde in moll.

Wir nehmen a moll, welches, eine kleine Terz tiefer
gelegen als C dur, dessen „Paralleltonart" genannt wird.
— Die Paralleltonarten haben dieselben Vorzeichnungen,
in a moll also ist weder ♯ noch ♭ vorgezeichnet — trotz=
dem gehört gis, als Leitton in die Oktav, zu a moll
(wie h zu c moll). — Die Eigentümlichkeit der harmoni=
schen moll-Leiter besteht in der Lage der Halbtöne zwischen
den Stufen 2 und 3; 5 und 6, 7 und 8; und in dem
Schritt einer „übermäßigen Sekund" von der 6. zur
7. Stufe.

```
1  2  3  4    5  6   7  8
a  h  c  d    e  f  gis a
I  V  IV  I  IV  V  I    Ausführung s. Beisp. 51.
(♯)
```

Durch Imitation des Dreiklangs (d. h. durch mecha=
nischen Aufbau in Terzen) auf jeder Stufe der Leiter er=
geben sich folgende Dreiklänge, denen wir die zugehörigen
Septakkorde gleich beifügen:

1) $\begin{cases} \text{I a c e} - \text{a c e gis I 7 (1.)} \\ \text{IV d f a} - \text{d f a c IV 7 (2.)} \end{cases}$ 3) $\begin{cases} \text{II h d f} - \text{h d f a II 7 (5.)} \\ \text{VII gis h d} - \\ \text{gis h d f VII 7 (6.)} \end{cases}$

2) $\begin{cases} \text{V e gis h} - \text{e gis h d V 7 (3.)} \\ \text{VI f a c} - \text{f a c e VI 7 (4.)} \end{cases}$ 4) III c e gis — c e gis h III 7 (7.)

Der Reichtum ist größer als in dur. Letzteres bot
dreierlei Klangbilder: den Dreiklang mit großer, den
Scheindreiklang mit kleiner Terz, und den „vermin=
derten".

Das moll=System gibt uns vier Arten: 1. den eigent=
lichen moll=Dreiklang (I und IV); 2. den eigentlichen
(dominantartigen) (V) und scheinbaren (VI) dur=Klang;
3. den verminderten (II und VII), und 4. den „über=
mäßigen" (III) Dreiklang (c — gis übermäßige Quint). —

Die a moll=Kadenz (Beispiel 52) läßt sich ebenso durch
Nebendreiklänge bilden, wie wir es in dur gesehen haben,
und zwar ist wieder der eine kleine Terz tiefer liegende
Nebendreiklang der Ersatz des Hauptdreiklangs: Beispiel
53 und 54. In moll kann die Oberdominant V durch
den übermäßigen Dreiklang III sehr gut ersetzt werden;
er klingt stark alteriert und erleichtert so die Auffassung
des c als Vorhalt=Surrogat von h, oder als Voraus=
nahme der Tonikaterz.

Die Nebendreiklänge sind auch hier als unvollständige
Septakkorde zu betrachten; eigentlich liegt die Form 56
zugrunde: in die Tonika schickt die Unterdominant ihre
Terz f, in die Unterdominant schickt die Oberdominant
ihre Quint h voraus; die Oktav des Grundtons (d) von

IV hält sich in die Dominant als deren Septe. (Wir
rechnen in der Praxis, wie gesagt, mit d als Grundton
von d f a.)

Vergleichen wir h d f in a moll mit demselben Klang
in C dur, so ergibt sich ein Kapitalunterschied. In dur
sahen wir denselben als unvollständigen Dominantsept=
akkord (g) h d f, h ist dort also Leitton(terz) und nicht
verdoppelungsfähig (wovon nur die Sequenz eine Aus=
nahme gestattete). In moll dagegen ist h Grundton von
h d f (a) oder, tiefer gefaßt, Quint des unvollständigen
Dominantnonakkords (e gis h d f, zu welchem die Form
(e) h d f a eine Vorhaltsbildung ist, das a löst sich nach
gis). Beide Auffassungen gestatten die unbedenkliche Ver=
doppelung des h.

Das h d f in a moll hat in C dur keine Parallele;
dagegen entspricht dem h d f in C dur das gis h d in
a moll, als unvollständiger Dominantseptakkord (e) gis h d.
Der unvollständige Dominantnonakkord gis h d f, für
sich betrachtet, wird „verminderter Septakkord" genannt
(gis — f verminderte Septe).

Der übermäßige Dreiklang III ist entweder Vorhalts=
akkord zur Dominant, wobei der scheinbare Grundton c
Vorhalt zu deren Quint h ist (57 a); oder Vorhaltsakkord
zur Tonika (b), oder Leitakkord (mit Leittonquint c—gis)
in deren Ersatznebendreiklang VI (58). Im letzteren Fall
hat er dieselbe harmonische (nicht tonartliche) Bedeutung
wie jene Form des übermäßigen Dreiklangs, welcher wir
in C dur als einem alterierten oder Durchgangsakkord be=
gegnet sind (s. Beispiel 59). In der Bedeutung von 57 b
und 58 kann der übermäßige Dreiklang auch mit seiner
Septe h erklingen.

Im Fluß der Harmonien entstanden, ist dieser „Drei=
klang" allmählich zu einem selbständigeren Wesen erstarrt
oder erstarkt, besonders ist er seit Wagner in häufigem
Gebrauch. Er hat großen Zwang zur Fortführung
in sich, zeichnet sich jedoch dabei in hohem Maße durch
Unbestimmtheit seiner Tendenz aus (man vergleiche
in Beispiel 57 die verschiedenen Lösungsmöglichkeiten,
welche später noch bereichert werden). Diese eigentlich
sich widersprechenden Eigenschaften geben ihm den Cha=
rafter schmerzlicher Spannung ohne Energie: des Ge=
drückten.

Ein prachtvolles Beispiel bietet das Wolffche Lied:
„Früh wann die Hähne krähn" (in dem Mörikezyklus).
Die Häufung der übermäßigen Dreiklänge ruft hier die
Stimmung dumpfen Brütens, eines quälenden Träumens
hervor. Die Spannung läßt nach, zur Vorbereitung und
Motivierung der Textworte: „Träne auf Träne dann
stürzet hernieder." Das Erlösende des Weinens kann er=
greifender nicht geschildert werden. — Wer möchte, gegen=
über solch genialer Intuition, von einem Unmaß in der
Anwendung der Dissonanz reden, an irgend einer Stelle
mitten in der Entwicklung ein „Genug!" rufen? Doch
wohl nur derjenige, welchem die Theorie zur Fessel und
zum Scheuleder geworden ist, anstatt daß sie dem Verstehen
und Genießen diente und den Blick öffnete!

Die melodische moll=Tonleiter.

Der 6. Ton der a moll=Leiter, f, hat feine natürliche
harmonische Bedeutung als Unterterz der Unterdominant
d f a, ist also Leitton abwärts, und zwar entweder nach

← e als der Quint der Tonika, bei der Folge IV — I,

oder nach e als der Oktav des Grundtons der Ober=
dominant e gis h, bei der Folge IV — V. In letzterem
Fall geht es an, daß der Tendenz abwärts allein genügt
wird, indem das f nach gis abwärts geht, wobei die
natürliche Löſung nach e überſprungen, letzteres bloß
gedacht und mit einer Konſonanz gis vertauſcht wird.
Es iſt ſomit der Schritt der verminderten Septe mög=
lich, als Ellipſe zwar. Ihre Umkehrung jedoch, die
„übermäßige Sekund‟ f — gis aufwärts, war folge=
richtig früher verboten. Iſt ſie trotzdem ſchon längſt
üblich geworden, und wird ſie ſelbſt dem reinen vokalen
Satz öfters zugemutet, ſo kann das an der Tatſache
nichts ändern, daß damit der Natur Gewalt angetan
wird: das f hat einmal die Tendenz abwärts. Es folgt
daraus, daß der Ton gis in der aufwärtsführenden,
der Ton f in der abwärtsführenden normalen moll=Skala
auf regelrechte Weiſe nicht zu erreichen iſt. Dieſem
Umſtand verdanken wir die „melodiſche‟ moll=Ton=
leiter, welche die Kluft der übermäßigen Sekund f — gis
überbrückt, indem ſie die betreffenden Töne ändert:
und zwar wird bei der aufwärtsführenden Leiter der
Leitton abwärts, f, als der weniger wichtige geändert
zu gunſten des hier unentbehrlichen Leittons aufwärts,
gis; letzterer wieder iſt in der abwärtsführenden Leiter
entbehrlich, wogegen hier der Leitton abwärts, f, gewahrt
bleiben muß: alſo ändert man gis in g. Dieſer
Kompromiß zweier der moll=Harmonie angehörender
Töne, der Sangbarkeit zuliebe geſchloſſen, charakteriſiert
die „melodiſche‟ Leiter gegenüber der harmoniſchen. Die
Künſtlichkeit der erſteren iſt dadurch klar. Im folgenden
betrachten wir ihre harmoniſchen Reſultate: vor allem
bietet ſie den Anlaß zu einer heute ſehr häufigen Er=

ſcheinung, welche wir bezeichnen möchten als „Spaltung"
eines Tons.

Das gis der aufwärtsführenden Leiter hat ſeine
natürliche Harmoniſierung als Dominantterz. Das vor=
hergehende fis kann entweder auf die Unterdominant be=
zogen werden, ſo daß letzterer ein ſcheinbarer dur=Klang
mit künſtlich erhöhter Terz wird: $\left(\underset{I}{a}, \underset{V}{h}, \underset{I}{c}, \underset{IV}{d}, \underset{I}{e}\right), \underset{IV}{fis}, \left(\underset{V}{gis}, \underset{I}{a}\right)$;
oder es iſt als Wechſelnote zu gis zu betrachten, wonach
es Beziehung zur Oberdominant hat: $\underset{V}{e}, \underset{\rule{1.5em}{0.4pt}}{fis} - \underset{I}{gis}, a$.
Abwärts erſcheint das g, als unharmoniſche Note, im
Durchgang nach f, welch letzteres entweder 1. als har=
moniſche Note erſcheint, ſei es nun als Terz der Unter=
dominant in ihrer reinen Geſtalt (Beiſpiel 60 a) oder als
Beſtandteil des Kombinationsakkords h d f a (Beiſpiel 60 b),
oder 2. ſelbſt wieder unharmoniſche Durchgangsnote nach
e ſein kann, als der Tonikaquint (ſo daß von a nach e
abwärts zwei Durchgangsnoten g und f führen (60 c));
oder 3. kann das f harmoniſche Diſſonanz ſein, nämlich
verminderte Septe von gis h d f, bezw. (kleine) None
des Dominantakkords e gis h d f (Beiſpiel d). Es tritt
hier der bemerkenswerte Fall ein, daß g und gis zu=
ſammen erklingt; die Wirkung iſt ſchön, weil die Tendenz
klar genug iſt: gis Terz, harmoniſche Note, g Durchgangs=
oder Wechſelnote nach f! g — gis iſt alſo gar kein eigent=
liches Intervall, ſeine gewöhnliche Bezeichnung als „ver=
minderte Oktav" iſt oberflächlich. Will man trotzdem eine
Beziehung von g zu gis feſthalten, ſo mag man eher von
einem „geſpaltenen Ton" ſprechen: ein Ton, g, teilt ſich
nach zwei Richtungen; die eine Stimme geht abwärts
nach f oder fis, die andere aufwärts nach a, und gibt

dieser Tendenz Ausdruck durch Erhöhung des g nach gis.
— In dem angeführten Beispiel (28) von Mozart er=
klingt g und gis zusammen, indem zwei konsonierenden
Tönen, a und fis, je ihre Vertretung, nämlich die Tendenz
zu ihnen, vorausgeschickt wird: es setzt hier die höhere
Vorschlagsnote zu fis mit der tieferen zu a zusammen
frei ein.

In Beispiel 61 finden wir g neben f als weitere
Verzierung, zweite Nebennote zu e, auf der Harmonie
der Tonika; ebenso auf der Dominantharmonie in 61 a,
hier wieder mit gis zusammen. In 61 b ist die „ver=
minderte Oktav" auf den übermäßigen Dreiklang ange=
wendet, in gleicher Weise als unharmonische Verzierungs=
note.

Der Vollständigkeit halber sei erwähnt, daß die Form
der aufwärtsgehenden melodischen Skala auch abwärts ge=
braucht wird. Eine solche Ausnahme, begründet durch
die Absicht energischer Dominantwirkung, findet sich in
der „Kunst der Fuge" von Bach: Beispiel 62 (vergl. auch
die Baßführung in Beispiel 11 d).

Weitere Veränderungen.

Die oben besprochene Änderung der 7. und 6. Stufe
hatte melodischen, nicht direkt harmonischen Grund.
Außerdem aber bietet das moll=Geschlecht noch die Mög=
lichkeit akkordlicher Alterierung, die es auf die Harmonie
selbst abgesehen hat. Wir erkannten solche Möglichkeit
schon in dur an; das moll jedoch ist gegen Veränderungen
noch viel weniger empfindlich, denn es ist an charakte=
ristischen Klängen reicher und deshalb nicht so leicht ge=
fährdet.

Eine Parallele zu der Dominant=Dominant in C dur

(d fis a) finden wir in moll in doppelter Weise. Ein=
mal mit der Veränderung zweier Leitertöne, wodurch
ein natürlicher Dominant=dur=Klang künstlich geschaffen
wird (Beispiel 63). Im anderen Fall wird nur die
Terz, d in dis, erhöht, das f belassen, welches, als Be=
standteil der Unterdominant, die Dominant der Dominant
in die zwischen beiden liegende Oberdominant V drängt.
1. Der so entstehende Akkord h dis f, „hart verminder=
ter Dreiklang", ist von hoher Spannung (ja nicht zu
verwechseln mit h dis eis, Vorhaltsakkord in h dis fis, V
von E dur oder e moll!). Das dis gibt dem f noch
zwingendere Natur als Leitton abwärts, als ihm das h
schon gewährt. Der hart verminderte Dreiklang (Bei=
spiel 64) wird meist in der Quartsextlage f h dis (f dis h)
gebraucht (Beispiel 64 a). Noch häufiger erscheint er als
Septakkord, Kombinationsbildung, wie es seiner Natur
entspricht: h dis f a, wobei f und a zur Unterdominant, h
und dis zur Dominant=Dominant gehört. Gewöhnlicher
ist die Umkehrung als Terz=Quart=Akkord als die originale
Form (f. 64 c und b). 2. Durch Benützung der alterier=
ten 4. Stufe dis als Pseudogrundton entsteht der „dop=
pelt verminderte Dreiklang": dis f a, gewöhnlich in der
Sextlage gebraucht; Beispiel 64 d zeigt deutlich seine
harmonische Identität mit h dis f a, dessen unvollständige
Form er ist. Die Septbildung dis f a c (Beispiel 64 e)
steht ebenfalls in engster Beziehung zu h dis f a: c hat
Tendenz nach h. („Doppelt vermindert" heißt das dis f a,
weil dis — f „verminderte Terz", dis — a „verminderte
Quint" ist.)

Die obige systematische Aufstellung der Dreiklänge
in moll wäre durch die Alterierung des d nach dis und
Belassung des f noch um die behandelten Nebendreiklänge

zu bereichern, so daß wir im ganzen sechs Arten von
Dreiklängen zu zählen hätten; jedoch sind beide neue,
der hart- und der doppeltverminderte Dreiklang, so dissonierender Natur, daß sie kein Scheinleben als Dreiklänge
zu führen vermögen und meistens ihre deutlichere Form
in Gestalt eines der genannten Septakkorde suchen.

Gefährlicher für die Tonart ist der charakteristische
Ton der Unter-Unterdominant, b, ((g) b d), in den wir
das h, die zweite Stufe von a moll, ändern können.
Akkorde: von e aus: e gis b; von gis aus: gis b d.
Für die harmonische Bedeutung in der Tonart sind es
wesentlich andere Dinge als das h dis f und dis f a;
für die Systematik aber ist e — gis — b ebenfalls hart-,
gis b d doppeltverminderter Dreiklang.

In Beispiel 65 (*) sind beide Klänge in d moll gebraucht; sie sind dort dasselbe wie h dis f und dis f a
in a moll, nämlich Konflikt der Unterdominantterz b von
g b d, mit der erhöhten Leittonterz der Dominant-Domi-
nant: e gis (h).

In a moll dagegen ist der Dreiklang g b d harmonisch

$$\longleftarrow$$

natürliche, tonartlich künstliche Unterdominantform zur
a moll-Unterdominant d f a; der Septakkord e gis b d also

$$\longleftarrow$$

Konfliktsbildung zwischen der Oberdominant e — gis (h)

$$\longrightarrow$$

und der Unter-Unterdominant (g) b d. Er findet seine

$$\longrightarrow$$

Lösung entweder in die Tonika a c e, welch letztere aber
kaum als Ruhepunkt nach dieser Einführung dienen kann,
sondern zur reinen Oberdominant gedrängt wird (Beispiel 66), denn unser Gefühl verlangt die Restaurierung

der Dominantquint h; oder er geht in die Unterdominant, welche dann zur Tonika führt (66 a). Die Aufstellung eines Septakkords auf gis ergibt den Klang gis b d f, welcher sich entweder direkt löst nach a—d—f (66 b), oder seine Beziehung zu e gis b d, gis b d e kundgibt: f. Beispiel 66 aa; vergl. es mit 66 a (letztem Fall).

Die Septharmonie c e gis b ist entweder Dominant mit Leittonquint, nach f a c als dem Ersatz der Tonika (Beispiel 66 c) oder Durchgangsbildung nach der Tonika selbst (66 d).

Die häufigste Verwendung der erniedrigten zweiten Stufe der moll-Skala ist die in Beispiel 67 a aufge= zeigte. Sie vermeidet die Härte der verminderten Quint h—f (f. Beispiel 67), und zerlegt das stark dissonierende e gis b d in zwei normale Akkorde: b d f: künstliche Konso= nanz, e gis (h) d: natürliche Dominant.

Wir geben noch ein Intervallschema.

Oktav 1) $\bar{c}$—$\bar{\bar{c}}$ reine 8 ($\bar{c}$—$\bar{\bar{cis}}$ übermäßige 8, $\bar{cis}$—$\bar{\bar{c}}$ verminderte 8);

Quint 2) $\bar{c}$—$\bar{g}$ reine 5 ($\bar{c}$—$\bar{gis}$ übermäßige, $\bar{c}$—$\bar{ges}$ verminderte 5);

Quart 3) $\bar{g}$—$\bar{\bar{c}}$ reine 4 ($\bar{gis}$—$\bar{\bar{c}}$ verminderte, $\bar{ges}$—$\bar{\bar{c}}$ übermäßige 4);

Terz 4) $\bar{c}$—$\bar{e}$ große 3, $\bar{c}$—$\bar{es}$ kleine 3 ($\bar{cis}$—$\bar{es}$ verminderte 3);

Sext 5) $\bar{e}$—$\bar{\bar{c}}$ kleine 6, $\bar{es}$—$\bar{\bar{c}}$ große 6 ($\bar{es}$—$\bar{\bar{cis}}$ übermäßige 6);

Septe 6) $\bar{c}$—$\bar{b}$ kleine 7 ($\bar{cis}$—$\bar{b}$ verminderte 7, $\bar{c}$—$\bar{h}$ große 7);

Sekund 7) $\bar{b}$—$\bar{\bar{c}}$ große 2 ($\bar{b}$—$\bar{\bar{cis}}$ übermäßige 2, $\bar{h}$—$\bar{\bar{c}}$ kleine 2).

Die große Sekund heißt ein ganzer, die kleine ein halber Ton.

Natürliche Intervalle sind die aus einem Ton von Natur entspringenden: reine Oktav, reine Quint, große Terz, kleine Sept (große Non): und zwar nach oben und unten. Alle anderen sind künstlich; und das entweder als durch äußerliches Zählen vom erklingenden tiefsten Ton gewonnen, z. B. kleine Terz, $\overline{c}$ — $\overline{es}$, wobei der moll-Akkord c es g als Aufwärtsbildung betrachtet wird; oder h d, wo der eigentliche Grundton, g in g h d f, ignoriert wird, ebenso h — f, verminderte Quint usw., oder sie sind alterierten oder Konflikts- bildungen, also keinen direkten, einfachen Akkorden ent- nommen, z. B. dis — f verm. 3, c — gis überm. 5.

Die in der Praxis übliche Behandlung der Non als Oktav-Verjüngung der Sekund, der Dezim als Oktav- Verjüngung der Terz dient der Einfachheit und Übersicht- lichkeit.

III. Modulation und Übergang.

Wir sahen in der dur- und moll-Kadenz reiche Gelegenheit zur Veränderung der Leitertöne, und fanden die Tonart nicht durch solche zerstört, höchstens getrübt, bis der endgültige Schluß mit der Tonika die Klarheit wiederherstellte; auch sahen wir das harmonische Schein- leben der Nebendreiklänge durch die Übermacht der Hauptfaktoren der Tonart absorbiert. Nun darf nur die Wiederherstellung der tonartlichen Rechte ausbleiben, es dürfen nur die Scheinkonsonanzen ein wirkliches eigen- mächtiges Leben führen, so daß die „Beziehung des harmo- nischen Geschehens auf die Tonika" verloren geht: so

haben wir die „Modulation", wir sind von dem Gebiet
der anfänglichen Tonart übergegangen in ein neues. Es
folgt daraus, daß die neue Tonart an die alte anknüpfen
muß, daß die verschiedenen Tonartgebiete zusammen=
hängen müssen. Der Übergang geschieht durch die Um=
deutung der tonartlichen Qualität eines Akkords, indem
ihm die Beziehung zu einer neuen Tonart gegeben wird.
Der Vorgang ist demnach derselbe wie bei der Akkord=
folge, bei welcher die Intervallbedeutung des gemein=
schaftlichen Tons geändert wurde. Wir sahen bei den
Akkordfolgen auch die Anknüpfung an einen dissonierenden
Ton des ersten Akkords als möglich: ebenso kann auch
die neue Tonart an einen alterierten Akkord, an eine
tonartliche Dissonanz anknüpfen. Das Gebot, ein zwei
Tonarten gemeinschaftliches Moment zu ihrer Verbindung
zu benützen, kann somit kaum als Fessel gefühlt werden.
Auch die Natur macht keinen Sprung: trotzdem wird
niemand deshalb den Eindruck haben, als ob sie in ihrer
Produktion behindert wäre. — Übrigens ist auch bei der
Modulation die Ellipse möglich; aber ein gemeinschaft=
liches, verbindendes Mittelglied muß wenigstens gedacht
werden können.

    Unter „Übergang" möchte ich genauer ein zielbe=
wußtes Beschreiten einer neuen, gewollten Tonart verstehen,
mit der Absicht, ihr Gebiet gründlicher zu bebauen; unter
„Modulation" dagegen mehr ein Umschauhalten, freieres
Spiel mit Möglichkeiten; das letztere ist bequemer und
häufiger, innerhalb eines Musikstückes besonders in der
„Durchführung", in Zwischenstationen beliebt, während
der eigentliche Übergang bedeutende Abschnitte markiert
und die Themengruppen sondert.

    Jedes Musikstück soll eine Tonart haben, mit der es

anhebt und auch abschließt. Ab und zu wird auch diese
Regel einem Neuerer zu viel und lästig. Da aber der
Komponist gerade mit der endgültigen Wiedergewinnung
einer verdrängten Haupttonart die schönste Wirkung machen
kann, so begibt man sich mit der Ignorierung dieser
Regel eines Vorteils, ohne doch ein eigentliches Hindernis
beseitigt zu haben.

Eine Betretung fremder Gebiete geschieht für uns
immer mit der selbstverständlichen Absicht, in das Aus=
gangs= und Heimatsgebiet zurückzukehren. Denken wir
an die innerhalb der Tonart bleibenden ausgeführteren
Kadenzen, welche das Tonartgebiet erweitert hatten, und
fassen das Modulieren in der angegebenen Weise auf,
so daß die ursprüngliche Tonikabeziehung auch während der
vorübergehenden Herrschaft einer anderen Tonika noch als
Forderung festgehalten wird: so verstehen wir den zu
Aufang zitierten Satz: „Alles Modulieren ist nur eine
großartig erweiterte Kadenz."

Gehen wir auf die Mittel ein, durch welche wir
Übergänge bewerkstelligen, so finden wir zwei Hauptarten:
1. Umdeutung der Akkorde nach ihrer tonartlichen Qualität:
Benützung der „Tonart=Verwandtschaften"; 2. Umdeutung
der tonartlichen und harmonischen Qualität zugleich, der
Tendenz eines Akkords: Benützung der Möglichkeit enhar=
monischer Verwechslung.

1. Die Verwandtschaft beruht auf den verschiedenen
Tonarten gemeinsamen Akkorden, und ist nach deren Zahl
und Bedeutung enger oder weiter. Aufs engste verwandt
ist C dur mit F dur, G dur mit C dur. Es sind das
„Quintverwandtschaften". Der Quintenzirkel zeigte uns
die schematisch fortgesetzte Wiederholung dieser einfachsten

Art des Übergangs. Da sich die natürliche Akkordfolge in ihm immer wiederholt, so erkennen wir in dem Modulieren ebenfalls einen natürlichen Vorgang; wir geben uns der inneren Tendenz eines Akkordes hin, ohne durch unser Tonartgefühl uns hindern zu lassen: während umgekehrt gerade das Beharren in einer Tonart einen Zwang bedeutet, welcher auf den Eigenwillen der Akkorde ausgeübt wird.

Die Verwandtschaft umgekehrt von C dur mit G dur, F dur mit C dur ist weniger eng; tatsächlich moduliert man aufwärts weniger leicht als abwärts, weil eben der Fall der Akkorde natürlicher ist als das Steigen derselben.

Mittelbar verwandt ist C dur mit B dur (durch F dur); D dur mit C dur (durch G dur).

Die Verwandschaft einer dur-Tonart mit ihrer „parallelen" moll-Tonart ist schon mehr dürftiger Natur: die gemeinsamen Akkorde verlieren durch tonartliche Umdeutung an Wert; z. B. wird f a c, Hauptdreiklang in C dur, zum Nebendreiklang in a moll.

Die Verwandtschaft der moll-Tonarten unter sich beruht auf der Unterdominantwirkung, wie diejenige der dur-Tonarten auf der Dominantwirkung; der Übergang von a moll nach e moll gestaltet sich also natürlicherweise durch Umdeutung der Tonika a c e in die Unterdominant von e moll. Jedoch stört die Verwandtschaft und erschwert den Übergang die dur-Form der Oberdominant, welche zur Darstellung des moll gebräuchlich ist; so läßt z. B. die V von a moll, e gis h, die Beziehung zu e moll (e g h) schwerer aufkommen. — Die moll-Tonart, an charakteristischen Klängen reicher als die dur-Tonart, besitzt eben damit auch geringere Leichtigkeit des Modulierens. Sahen

wir doch in dem moll zahlreichere Möglichkeiten der
Alterierung, ohne daß die Tonart zerstört wurde;
ohne Zerstörung der Tonart aber gibt es keinen
Übergang.

Der Quintverwandtschaft wird gewöhnlich die „Terzverwandtschaft" beigefügt, wir sparen ihre Besprechung
besser auf und erklären vorher die

2. Übergänge durch enharmonische Verwechslung.

Die Vertauschung des Ges dur mit Fis dur im Quintenzirkel ist kein Übergang, sondern veränderte Schreibweise. Der Akkord bleibt dabei, was er ist, nämlich dur-
Klang mit Dominantwirkung. Das Ohr merkt nichts
davon, wo im Quintenzirkel diese enharmonische Verwechslung stattfindet. Etwas ganz anderes und für den
Hörer äußerst Auffallendes ist jedoch der enharmonische
Übergang: durch ihn wird die ganze Qualität des Akkords
in all seinen Intervallen umgedeutet.

Die alterierten Akkorde sind für diese Art zu modulieren die fruchtbarsten. Der übermäßige Dreiklang c e gis
z. B. kann umgedeutet werden in c e as: damit sind
wir plötzlich von a moll in das sehr entfernte f moll
gelangt; oder in his e gis, wodurch wir uns in cis moll
befinden: s. Beispiel 68 a b c. Nach der Art seines Auf-
baus betrachtet, ändert sich der übermäßige Dreiklang bei
68 b in den Sextakkord von as c e, bei c in den Quartsextakkord von e gis his; der Klang ist jedesmal derselbe;
der übermäßige Dreiklang ist ein höchst unbestimmtes
Wesen! Er teilt diese Eigenschaft mit dem verminderten
Septakkord, der sich klanglich von seinen Umkehrungen
ebenfalls nicht unterscheidet: gis h d f (in a moll) kann
z. B. gedeutet werden als as h d f, Sekundakkord von
h d f as, Tonart c moll; ferner als as ces d f, Terz-

quartakkord von d f as ces, Tonart es moll; endlich als
gis h d eis, Quintsextakkord von eis gis h d, Tonart
fis moll, oder, was dasselbe ist, nur in anderer Schreib=
weise, as ces eses f, Quintsextakkord von f as ces eses,
Tonart ges moll: f. Beispiel 69. In Beispiel 68 unter=
scheidet sich c von cc, in Beispiel 69 d von dd harmonisch
nicht, sondern nur durch die Notierung. Dagegen sind
die anderen Fälle gründlich verschieden. In 69 b finden
wir 1. ein as an Stelle des gis von 69 a: wir haben
einen Leitton abwärts an Stelle des Leittons aufwärts.
gis in gis h d f ist Grundton des verminderten Dreiklangs
gis h d f, Terz des idealen Grundtons e: e gis h d f;
as bei b) ist Baßton des Sekundakkords, verminderte
Septe des Akkords h d f as, eigentlich None des: g h d f as.
2. h bleibt h, wechselt jedoch die Bedeutung; in a) ist
es Terz des erklingenden, Quint des idealen Grundtons;
in b) ist es Grundton des Klangs h d f as, übermäßige
Sekund des zufälligen Baßtons 'as, eigentlich Terz des
idealen Grundtons (g h d f as); im ersten Fall also in=
differentes Intervall (Quint), im zweiten Fall Leitton
aufwärts. 3. d bleibt ebenfalls, ist jedoch bei a) ver=
minderte Quint (gis — d), eigentlich kleine Septe, also
Leitton abwärts (e gis h d f); bei b): (Terz von h,
besser:) Quint von g h d f as, also hier indifferentes
Intervall! 4. Das f endlich ist im ersten Fall a) ver=
minderte Sept oder kleine None, im zweiten Fall ver=
minderte Quint (h — f) oder kleine Septe (g — f). Es
entspricht sich also die akkordliche Bedeutung und Tendenz
der Töne

bei gis h d f: (e) ⌠gis ⌠h ⌠d ⌠ f
bei as h d f: (g) ⌡ h ⌡d ⌡ ⌊as.

An dieser gänzlichen Verschiebung des Akkordbildes und Veränderung all seiner Intervalle und ihres Strebens trägt durchaus nicht etwa die Änderung des gis in as die Schuld: vielmehr ist diese Änderung nur diese äußere Gelegenheit, in welcher die Umdeutung des Akkords auch in der Notierung zum Ausdruck kommt. Tatsächlich findet enharmonische Verwechslung bei jedem der Töne statt: denn h z. B. ist als Quint von e gis h akustisch ein anderer Ton als h, Terz des Grundtons g. Ohne die temperierte Stimmung wäre die Verwechslung von gis h d f und as h d f überhaupt nicht möglich; wogegen der Ges dur=Akkord ges b des gegenüber von dem Fis dur= Akkord fis ais cis, ebenso Beispiel 69 dd gegenüber von 69 d, 68 cc gegenüber von c nur eben eine geringe Ver= schiebung der Klanghöhe, nicht aber Veränderung des Klangbildes selbst bedeutete.

Jeder beliebige Ton, z. B. gis, kann, für sich ge= nommen, dreierlei Bedeutung haben. 1. kann er Kon= sonanz sein (Grundton oder Oktav in Gis dur, Quint in Cis dur); 2. Leitton aufwärts: z. B. gis als Terz von e gis h (Dominant von A dur); 3. Leitton abwärts: z. B. gis als kleine Septe von ais cisis eis gis, Dominant von Dis dur (dis fisis ais). Dieselbe Wahl hat as: 1. Konsonanz von As dur oder Des dur; 2. Terz von Fes dur als der Dominant von B-es dur, also Leitton aufwärts nach b-es; 3. kleine Sept von b d f as, also Leitton abwärts, nach g als der Terz von Es dur.

Je nach der tonartlichen Stellung des Akkordbilds, dem er zugehört, hat jeder Ton eine dieser drei Be= deutungen. Die plötzliche Veränderung des Tonartgefühls prägt den Akkord um; in der Veränderung von gis h d f in a moll nach as h d f ist die veränderte Beziehung zu einer mit a moll nicht verwandten neuen Tonika c es g, c moll wirksam. Sie knüpft an die klangliche Identität der Töne gis und as, h — Quint von e und h — Terz von g usw. an, welche Identität wir der „gleichschwebend temperierten Stimmung" verdanken. Letztere ist ein Kompromiß zwischen zwei akustisch verschiedenen, der Tonhöhe nach aber sehr nahegelegenen Tönen, wonach diese sich zur klanglichen Einheit zusammmenfinden, und wobei jeder etwas von seinem Charakter, seiner Reinheit einbüßt — wie das in dieser „Welt der Kompromisse" überhaupt Grundbedingung des Zusammenlebens und =wirkens ist. Eine akustisch reine Musik ist ein Traum, dessen Verwirklichung, wenn möglich, die äußerste Beschränkung auferlegen würde: man könnte sehr wenig damit anfangen, ja schon die Nebendreiklänge innerhalb derselben Tonart hätten klanglich eine zweifelhafte Existenzberechtigung.

Die Umdeutung des gis h d f bietet noch viele Möglichkeiten anderer Weiterführung des Akkords. Statt der angegebenen moll=Klänge kann jedesmal auch ein dur=Klang erscheinen, z. B. 69a; wir haben hier das gemischte A dur, den Konflikt der Oberdominant (e) gis h d mit der natürlichen Unterdominant h d f (a). Auch kann der

As dur=Akkord als Lösung kommen: 69β. Die Folge wäre etwa zu denken als der Gang des Dominantnonakkords (es) g b des f in die Tonika, wobei im Durchgang b und des noch h und d alteriert werden, und der Tonikagrundton as sich als Vorausnahme in die Dominant drängt, s. Beispiel 69ββ.

Ergiebig für enharmonische Umdeutung ist auch der doppelt= und hartverminderte Dreiklang mit den entsprechenden Septbildungen (Beispiel 70). Es ist nicht nötig, daß die Schreibweise der enharmonischen Verwechslung Rechnung trägt; so kann auf das es f a c von B dur die Dominant von a moll direkt folgen; der Hörer versteht, auch ohne das Papier, nachträglich das es als mit dis verwechselt. Die „normale" Schreib= art bietet 70a, wo die Verwechslung auch dem Auge deutlich ist.

Soll ein Übergang als solcher wirken, so muß ein deutliches Tonartgefühl schon vorhanden sein: das ist doppelt wichtig für solche unbestimmte Dinge wie die stark alterierten Akkorde, welche ihren harmonischen Sinn erst durch tonartliche Beziehung bekommen. Um so überraschen= der wirkt dann die plötzliche Leugnung dieses ihres Sinns durch die Beziehung auf eine andere Tonart: die en= harmonischen Übergänge scheinen uns immer einen inner= lichen Ruck zu geben, eben weil die ganze Tendenz des Akkords durch derartige Umdeutung verkehrt wird. Solche Mittel sind immer mit Vorsicht zu gebrauchen, sollen sie sich nicht abstumpfen. Es ist nicht gerade klug, wenn ein Komponist uns schon von vornherein „auf alles ge= faßt" macht. Werden wir zu oft getäuscht und herum= geworfen, so trauen wir der ganzen Sache nimmer, hüten uns, ein Tonartgefühl mit Bestimmtheit aufkommen zu lassen: damit aber ist die Wirkung der Übergänge schon zerstört.

Am schönsten sind die enharmonischen Übergänge, wenn sie mehr als Modulation auftreten und bald zur Haupttonart zurückgeführt werden. So ist in Beispiel 72b der Klang c e g ais (*) ausgebeutet als Dominant von

F dur c e g b, welches durch denselben Klang wieder in die Dominant der Haupttonart E dur zurückgeführt wird (**) (f. Variation IV in op. 109 von Beethoven, Klavier= fonate E dur).

Selbst die reine und bestimmte Dominantharmonie hat große Freizügigkeit der Weiterführung, wenn sie mit Hilfe der enharmonischen Verwechslung als alterierter Klang betrachtet wird, f. Beispiel 73, welches eine der auffallendsten „Lösungen" des Dominantseptakkords erklärt (nach dem Vorgang von Bischoff). Der verminderte Sept= akkord e g b des (unvollständiges V c e g b des) führt, als Terzquartakkord b des e g, in die natürlich folgende Tonika f moll; im Durchgang des Basses über be-es, das wie a klingt, bildet sich eine dominantartige Erscheinung $\left\{ \begin{array}{l} \text{b-es} \\ \text{a} \end{array} \right.$ $\left\{ \begin{array}{l} \text{des} \\ \text{cis e g,} \end{array} \right.$ sie kann zum Übergang von D dur nach f moll benützt werden: Beispiel 73a ist das abgekürzte Verfahren. Solche Übergänge bietet die Phantasie c moll für Klavier (Adagio 12. Takt und ff.) von Mozart, dessen Kühnheit und Souveränität hier wieder in hellem Licht steht.

Das ertragreichste Feld für enharmonische Übergänge bilden aber immer die unbestimmten und stark alterierten Klänge; diese sind die eigentlichen Knotenpunkte für die Verbindung der am meisten divergierenden Richtungen; den ersten Rang hat hier der verminderte Septakkord.

3. Durchaus auf der temperierten Stimmung beruht die „Terzverwandtschaft", als deren Entdecker Beethoven bezeichnet werden darf; heutzutage ist diese Errungenschaft fast zum Überdruß ausgebeutet.

„Terzverwandt" ist C dur mit As dur, Es dur, nach unten; nach oben mit E dur und A dur, ferner mit a moll

und e moll. 1. Beispiel 74a: C dur — As dur. Der
Grundton c, umgedeutet als große Terz, produziert den
As dur=Dreiklang. Derselbe wird in 74b durch ein
Schwanken des C dur=Akkords gewonnen, wobei dessen
Quint die obere, die Terz die untere Nebennote berührt;
oder man betrachtet c as dis als Durchgangsbildung, wo=
nach die kleine Untersepte d der Unterdominant d (f) as c

auf ihrem Weg aufwärts nach e über dis geht. Der
so entstehende Klang wird enharmonisch mit As dur
verwechselt. Ein ähnliches akkordliches Scheinbild ge=
ben die Durchgangsnoten in 74c; vollends wenn der
Unterdominantbestandteil as dazukommt, ist die Täuschung
lebendiger. Das Schubertsche Lied „Das Meer" be=
ginnt mit einem solchen Akkord als einer Vorhalts=
oder Vorschlagsbildung. Da es der Anfang ist, also
noch kein Tonartgefühl bei der Erklärung mitspricht,
glauben wir den Dreiklang As dur mit natürlicher
Septe (also Dominant von Des dur) zu hören; weil die
Form as c es ges leichter verständlich ist als as c dis fis,
wird die Interpretation zuerst irregeleitet; die Wirkung
des nach dieser Auffassung fälschlicherweise verdoppelten
c als eines Leittons ist dabei sehr mächtig und un=
heimlich — bis die folgende Tonika die Sachlage
klärt. 2. Umgekehrt durch Umdeutung der Tonikaterz
e zum Grundton ergibt sich der E dur= (oder e moll=)
Dreiklang (Beispiel 75a). Ein ihm gleichender uneigent=
licher Akkord bildet sich durch Nebennoten der schwanken=
den C dur=Tonika: Beispiel 75b. Dem C dur sehr nahe
liegt der E dur=Dreiklang auch in seiner Eigenschaft als
Dominant zu dem Tonikaersatz VI, a c e. 3. Beispiel 76:
Durch Umdeutung der Tonikaterz e in die Quint ent=

steht der Akkord A dur: a cis e, oder a moll a c e; auch
ist der A dur=Klang Dominant zum Unterdominantersatz
II: d f a. 4. Umgekehrt durch Umdeutung der Tonika=
quint g in eine große Terz entsteht der Es dur=Dreiklang
(Beispiel 77), den wir uns auch als durch c moll mit
C dur vermittelt denken können.

Noch entferntere Akkorde können verbunden werden,
wenn ein terzverwandter Klang als Mittelglied gedacht
wird, z. B. C dur — es moll, C dur — as moll; ersteres
durch Es dur, letzteres durch As dur verknüpft; ja sogar
C dur — Ces dur oder H dur, ersteres als mit Es dur
terzverwandt, letzteres als direkt verwandt mit E dur oder
als Dominant von e moll.

Die Verwertung der künstlichen Terzverwandtschaft
ist für das Modulieren zu bevorzugen, die markan=
teren Übergänge werden sich besser an die elemen=
tare Quintverwandtschaft halten. Häufig ist es nur
ein vorübergehendes tonartliches Scheinleben, welches
die terzverwandten Tonarten innerhalb der Haupt=
tonart führen; sie verhalten sich dann zu dieser,
wie die Nebendreiklänge zu den Hauptdreiklängen sich
akkordlich verhalten. So werden die terzverwandten
Tonarten gern verwendet zur Beantwortung eines in
der Haupttonart gebotenen Motivs. Von höchster
Schönheit ist der H dur=Einsatz des Orchesters nach
dem G dur=Vortrag des Klaviers, in dem G dur=Kon=
zert von Beethoven. Ein solcher Einsatz bedeutet für
uns weder Übergang noch Sprung in ein fremdes Ge=
biet, sondern nur eine sublime tonartliche Dissonanz, sei
es nun, daß damit ein plötzlicher Schatten auf die Haupt=
tonart fällt, oder daß sie ein neuer Glanz bestrahlt. (Ver=

7*

gleiche auch die Antwort D dur auf F dur in der be=
kannten F dur=Bagatelle von Beethoven.)

Übergänge durch Chromatik.

Die chromatische Leiter für sich genommen ist etwas
höchst Unbestimmtes, gibt keinerlei tonartliches Bild, weil
die charakteristischen Unterschiede der ganzen und halben
Töne fehlen; wir können eine Tonart höchstens vermuten,
indem wir annehmen, daß die Leiter von der ersten Stufe
an aufsteigt; für die Unterscheidung des Geschlechts aber
fehlt vollends jedes Merkmal.

An jedem Punkt der chromatischen Skala können wir
Halt machen, jeden beliebigen Ton als konsonant oder
dissonant ansehen. In dem Andante einer Mozartschen
Klaviersonate ist diese Gelegenheit zu einem Übergang,
eigentlich Rückgang von a moll nach der Haupttonart C dur
benützt. Auf der Dominant von a moll hebt eine auf=
steigende chromatische Skala an, welche mit der Erreichung
der Dominantquint h, welche als Leitton nach c gefaßt
wird, nach C dur führt: Beispiel 78; erst nach dem Ein=
tritt der neuen Tonart schließen wir zurück auf die Zu=
gehörigkeit des h zur Dominant g h d f von C dur. Der
Übergang teilt die ruckweise Eigenschaft der enharmonischen
Modulationen. Die Möglichkeit, jeden Ton als Leitton
zu deuten, gibt die Gelegenheit zu chromatischen Akkord=
folgen und Modulationen um einen halben Ton, auf=
steigend sowohl als absteigend. Beispiel 79 fortgesetzt gäbe
einen Chromazirkel, 79 a mit Überspringung der Mittel=
glieder (* in 79) einen Ganztonzirkel, dessen Folgen
übrigens auch durch Terzverwandtschaft zu erklären sind.
Das Gegenstück ist Beispiel 80. Durch die Fortsetzung

bekommen die Folgen eine Art von Schwerkraft und werden dem Hörer immer verständlicher. Das Modulieren ist hier beinahe Selbstzweck, das Tonartgefühl und -bedürfnis so gut wie ausgehängt; man könnte solche Erscheinungen unterscheidend vergleichen mit der innertonartlichen Sequenz, welche das Gefühl für Akkordwerte zum Schweigen bringt.

In Beispiel 79 b ist der Übergang von C dur in die um einen Ganzton höher liegende Tonart D dur bewerkstelligt, indem das c als aufwärtsstrebender Vorhaltston nach cis, der Dominantterz von D dur (a cis e g) aufgefaßt wird; dementsprechend wird c, dessen harmonische Bedeutung mit dem Eintritt des a zu e und g wechselt, enharmonisch umgeschrieben in his. Es ist dies nicht geboten und stört das Lesen mehr, als es dem Verständnis nützt, es ist deshalb die Fortsetzung einfacher notiert; das d strebt aufwärts nach dis, ohne daß dieses Streben in der Notierung durch cisis zum äußerlichen Ausdruck kommt. Diejenige chromatische Notierung ist immer die beste, welche der Klarheit des Lesens Rechnung trägt; das Verständnis der Harmonie muß ja doch dem harmonischen Sinn des Hörers überlassen werden. Im allgemeinen notiert man die chromatische Leiter so, daß sich die alterierten Intervalle von der Tonart nicht zu weit entfernen; so wäre z. B. ges in a moll verfehlt, auch wenn es einen Leitton abwärts nach f bildet. Eine veraltete Regel gebietet, abwärts die b, aufwärts die ♯ zu gebrauchen. Wir werden aber die chromatische Leiter von a moll abwärts schreiben: a gis (nicht as!) g fis (nicht ges!) f e dis (nicht es!) d cis c h b a; aufwärts: a ais (oder auch b) h c cis d dis e f fis g gis a.

Welch lebensvolle Steigerung in dem chromatischen Aufwärtsdrängen von Akkorden erreicht werden kann, wenn ein großer Meister dieses Mittel beherrscht, zeige uns noch Beispiel 80 bb, aus dem Scherzo der E dur=Symphonie von Bruckner. Die frei einsetzenden Nonen erhöhen die Spannung, welcher der Einsatz von c moll seine kolossale Wucht zu verdanken hat, zumal er noch durch einen Halt auf einem Akkord über zwei Takte vorbereitet wird, welche Stockung nach dem vorigen Strömen und Drängen — das immer unaufhaltsamer zu werden schien — um so auffallender ist und die künstlerisch bildende und schaltende Weisheit erkennen läßt, welche hinter und über dem scheinbaren Sichhingeben an ein Fatum, an die Schwerkraft der Akkordbewegung steht. Das Schema dieser Folgen (Beispiel 80 b) nimmt sich dagegen armselig und leblos genug aus.

IV. Das Beharrungsvermögen.   Der Orgelpunkt.

Die Akkorde, für sich genommen, kennen keinerlei tonartliche Rücksichten; die Fortsetzung des natürlichen Quintschritts, die Kette von Dominantwirkungen im Quintenzirkel ist zwar „unmusikalisch", aber harmonisch völlig berechtigt. Man könnte hier von einem Beharrungsvermögen in der Richtung der eingeleiteten Bewegung reden. Diesem entgegengesetzt ist das tonartliche Beharrungsvermögen, vermöge dessen wir uns auf dem heimatlichen Gebiet einer Tonart festsetzen, überhaupt einen gegebenen Tatbestand festhalten. Dieser Wille zu beharren ist schon tätig in unserer Wertung der Nebendreiklänge, in dem Beziehen alterierter Akkorde auf die

Tonika, der terzverwandten Tonarten auf die Haupt=
tonart, endlich in dem Bedürfnis nach der Wiederher=
stellung der Haupttonart. Durch weitere Entfernung
oder bei sehr energischer Beherrschung eines neuen Ab=
schnitts durch eine neue Tonart kann zwar das Gefühl
der ursprünglichen auf ein Minimum herabgedrückt
werden, so daß es nur noch als ästhetische Forderung
lebt; dagegen ist es bei leichteren Modulationen noch
stark genug, um uns solche nur als reichere Färbung
der Haupttonart verstehen zu lassen, die Beziehung zu
dieser geht dann nicht verloren: vielmehr klingt die
Tonart sozusagen als idealer Grundton weiter. Kommt
derselbe auch äußerlich zum Ausdruck, so ist das nichts
wesentlich Neues, sondern eben nur die Verwirk=
lichung der Idee. Es ist damit die Erscheinung er=
klärt, welche man als „Orgelpunkt" bezeichnet. Dieser
ist ein gewaltiges, zum Teil auch gewaltsames Fest=
halten der Tonart gegenüber der Freizügigkeit der ihr
zugehörenden Klänge, ihrem Streben nach den Ver=
wandtschaften, er hält die Tonart aufrecht gegenüber
den Gefährdungen durch tonartliche Dissonanzen, seien
dies nun selbst wieder akkordliche Dissonanzen, oder
Konsonanzen, welche durch ihren Klang zur Auffassung
einer neuen Tonart versuchen könnten. Die Vertretung
der Tonart durch den Orgelpunkt geschieht, indem dieser
einen tonartlich besonders markanten Ton aushält,
also entweder den Grundton der Tonika selbst (dies
vorzugsweise bei dem Ausklingen eines Stücks, nach
der eigentlich abschließenden Kadenz), oder auch den
Grundton der Unterdominant, hauptsächlich aber den=
jenigen der Oberdominant, welche der eigentlichste und
energischste Vertreter der Tonart ist. Der Orgelpunkt

verlängert die Dominant, am besten vor dem Ab=
schluß, dem endgültigen Eintritt der Tonika: er faßt
unter sie alle tonartbestätigenden und tonartfeindlichen
Vorkommnisse zusammen; je mehr die letzteren gegen
die Dominant dissonieren, je größer die Spannung ist,
desto mehr kommt dadurch gerade die Dominant zur
Geltung, als eine Fessel, welche aller machtlosen Ent=
weichungs=, „Ausweichungs"versuche spottet, desto glän=
zender gestaltet sie den festlichen Einzug der erhofften,
siegreichen Tonika. Die Tonika ist der König der Ton=
art; aber das Volk macht den König, nicht der König
das Volk!

Berühmt ist der grandiose Orgelpunkt, mit dem die
Orchestereinleitung zum Eingangschor der Matthäuspassion
anhebt (auf der Tonika). Weniger großartig, aber von
ausgesuchter Feinheit ist die Wirkung eines Orgelpunkts
in der Canzona boëma aus „Carmen" von Bizet (Bei=
spiel 81). In der Regel ist der Orgelpunkt durch einen
ausgehaltenen Ton dargestellt; doch kann die Fixierung
des Tons auch durch unterbrochene Noten ersetzt werden,
oder durch eine Figur, welche sich in derselben Lage
wiederholt.

Dem Baß, als dem Träger der Harmonie, kommt
naturgemäß die Darstellung des Orgelpunkts zu (wo=
durch die nächsthöhere Stimme für die einzelnen Akkorde
Baßwert bekommt); doch kann auch eine mittlere oder
die Oberstimme einen Ton orgelpunktartig festhalten, mit
größerer Beschränkung zwar; man nennt das „liegende
Stimme". So schön als kühn ist ein bewegter „liegender"
Ton (der immer in seine untere Nebennote schwankt)
in dem F dur=Quartett op. 59 von Beethoven: Beispiel 82.
Die Dominant von C dur, durch das g der II. Violine

vertreten, hält sich während der gegen sie vergeblich an=
kämpfenden Harmonien und zwingt diese in den Domi=
nantakkord zurück. Als „liegende Stimme" ist z. B. auch
das immer wieder anschlagende ḡ in der 23. der c moll=
Variationen von Beethoven aufzufassen.

In weiterem Sinn gibt sich das Beharrungsver=
mögen kund in Fällen wie Beispiel 83 (aus dem Finale
C dur der c moll=Symphonie von Beethoven); die C dur=
Leiter wird von der kleinen Flöte (deren Klang eine
Oktav höher ist als die Notierung) wiederholt, und zwar
auch auf Akkorden, zu welchen sie harmonisch nicht passen
will.

Bedeutender noch ist eine Stelle aus der oben an=
geführten Kantate „Ach wie flüchtig": Beispiel 84. Der
Gang des Basses allein läßt uns die in 84 a markierten
Akkorde fühlen, und zwar so deutlich, daß wir die un=
verändert beibehaltene Tonleiter in den oberen Stimmen
abwechselnd interpretieren, je nach dem durch den Baß
ideal gegebenen Klang, woran uns die starke harmonische
Diskrepanz nicht hindern kann: eine höchst geniale Be=
lebung der Form des Orgelpunkts, d. h. hier der liegenden
Stimme.

————

Wir glauben nichts versäumt zu haben, was zum
Verständnis der normalsten Akkord= und Tonartfolgen,
wie auch der komplizierteren Klänge und Modulationen
führen kann; die Anwendung freilich und damit die Haupt=
sache muß dem Leser überlassen bleiben. Eine Harmonie=
lehre kann nur zeigen, wie die Wirkungen der Musik
auf natürliche Gesetze, auf wenige einfache Prinzipien zu=
rückzuführen sind, sie kann den Weg zum Genießen und

Produzieren bahnen; der Weg selbst aber und die Wahr=
heit ist sie nicht: so wenig als die Lehrbücher über unseren
Organismus der Weg zum Leben sind. — Zur Übung
im harmonischen Satz, in der Fertigkeit eigenen Produ=
zierens in Form der Komposition oder der Improvisation
am Klavier bietet das Lehrbuch von Bischoff treffliches
Material; es sei hier bestens empfohlen.

Im folgenden bieten wir noch einige Erklärungen,
welche man in Harmonielehren zu finden gewohnt ist, die
aber zum Teil schon halb ins Gebiet der Kompositions=
lehre gehören.

V. Anhang.

I. Vermeidung und Abschwächung der Kadenzwirkung.

1. „Trugschluß". Der Name bedeutet, daß der Hörer
um den erwarteten Schluß betrogen wird. Es folgt
daraus, daß die Erwartung des Schlusses durch deutliche
Vorbereitung eines Schlußfalls, nach Art der Kadenz,
zustande gekommen sein muß, wenn die Vermeidung des
Schlußfalls als Täuschung wirken soll. Das Eintreffen
eines nicht erwarteten Klangs an Stelle der vorbereiteten
Tonika kann sowohl innerhalb der Tonart geschehen (ver=
mittelst eines Nebendreiklangs etwa), als auch in ein
neues Gebiet führen. Beispiel 85, aus der „Toccata et
Fuga" d moll von Bach, für die Orgel komponiert,
bringt eine entschiedene Kadenzfolge, welche den Schluß
in d moll herbeizuführen scheint (1.). Die Tonika kommt
auch wirklich, aber ohne abschließenden Charakter, weil
als Sextakkord (*): die Kadenzfolge wird sodann wieder=

holt (2.), der Hörer glaubt eine Bestätigung der Kadenz zu vernehmen, welche die ungeschmälerte Schlußwirkung der Tonika in der originalen Dreiklangsform erhoffen läßt. Statt dessen weicht der Komponist dem natür=lichen Wege aus, auf der Dominant erscheint jetzt ein moll=Klang, c erklingt anstatt cis, die gestörte Dominant geht in den B dur=Dreiklang, welcher sich in der fol=genden freieren Phantasie tonartlich gibt. Es folgen nunmehr Modulationen: von B dur (über d moll) nach a moll; weiter: C dur; letzteres mündet in eine Art von Sequenz mit tonartlich unbestimmtem Charakter (Bei=spiel 85 a), bis das Ganze auf eine sehr überraschende Weise schließt, mit einem „Plagalschluß" von mächtigster Wirkung.

2. „Plagalschluß" bedeutet den uneigentlichen Schluß, im Gegensatz zum eigentlichen, „authentischen". Der letztere bezeichnet den natürlichen Quintfall der Dominant zur Tonika; der erstere die Erreichung der abschließenden Tonika von der Unterdominant her: IV—I.

3. Unter „Halbschluß" versteht man die unvollständige Schlußwirkung, welche dann entsteht, wenn entweder der=jenige Akkord, welcher das Ziel bildet, durch Umkehrung abgeschwächt wird (s. Beispiel 85 (*)), oder wenn der vorhergehende Dominantakkord diese Abschwächung erleidet, wodurch beidemal der Quintschritt des Grundtons ver=mieden wird. Die eingeklammerten Noten von Beispiel 78 bedeuten einen Halbschluß auf der Dominant von a moll, ebenso die Beispiele 66, 66 aa (*).

Der Halbschluß dient hauptsächlich dazu, innerhalb eines Musikstücks einen bedeutenden Abschnitt zu mar=kieren: er bereitet auf eine neue Gruppe vor, indem er auf der Dominant der neuen, diese Gruppe beherrschen=

den Tonart anhält, wodurch der Hörer auf das Folgende
gespannt wird, welche Wirkung durch den Ganzschluß verloren ginge.

4. Der Name „Halbkadenz“ erklärt sich selbst: sie
ist halbe, d. h. unvollständige, „einseitige“ Kadenz, welche
nur die eine der Dominanten berücksichtigt, wobei sie
auch weiter nach oder von einer der „Dominantseiten“
ausholen kann; z. B. C dur=Kadenz: c e g (I) — d fis a
(V — V) — g h d (V) — c e g (I). Häufig findet sich auch
die Bezeichnung Halbkadenz in gleicher Bedeutung wie
Halbschluß im Gebrauch.

II. „Die Kirchentonarten.“

Sie sind antiquiert, gehören auch als künstliche Gebilde nicht eigentlich in die Lehre von der Harmonie.
Es darf uns nicht wundern, daß die Musik als Kunst
so lange von ihnen beherrscht wurde: hat doch auch auf
anderen Gebieten zur Natur und Einfachheit ein Umweg
geführt.

Wir von heute erkennen nur zwei verschiedene „Tongeschlechter“ an: das dur und das moll. Die verschiedenen
dur= und moll=„Tonarten“, z. B. C dur, Cis dur; a moll,
as moll sind nur durch Höhe und Klangfarbe verschieden,
sind nur Anwendungen, Individuen des einen dur= oder
moll=Geschlechts.

Die alte Musik dagegen hatte sieben Tongeschlechter
zur Verfügung; diese wurden geschaffen, indem auf jeder
Stufe einer einzelnen, unverändert beibehaltenen Leiter
das „Eins“ gesetzt wurde. Durch solche Verwertung, der
C dur=Leiter z. B., erhielt man folgende eigentonartliche
Skalen:

1. c d e f g a h c: „ionische Tonart“: unser heutiges C dur; sie war auffallenderweise selten im Gebrauch und als „modus lascivus“ (die ausgelassene, fribole Tonart) gebrandmarkt: wahrscheinlich weil man in aller Welt außer der Kirche, der damaligen einzigen Brutstätte der Kunst, schon nach unserem natürlichen Gefühl, im fröhlichen dur, gesungen hat.

2. d e f g a h c d: „dorisch“: unser (d) moll, jedoch mit großer Sext h und fehlendem Leitton cis.

3. e f g a h c d e: „phrygisch“: unterscheidet sich von unserem moll=Begriff durch die kleine Sekund (e—f) und den fehlenden Leitton (d statt dis).

4. f g a h c d e f: „lydisch“: dur=artig, aber mit über= mäßiger Quart (f—h), wodurch die Unterdominant un= möglich wird.

5. g a h c d e f g: „mixolydisch“: dur ohne Leitton, Störung der Oberdominant.

6. a h c d e f g a: „äolisch“: moll ohne Leitton, unsere künstliche (melodische) a moll=Skala abwärts.

7. h c d e f g a h: „hypophrygisch“: moll=artig, aber mit kleiner 2 (h—c), verminderter 5 (h—f) und fehlen= dem Leitton.

(Die griechischen Namen sind willkürlich gewählt und bezeichnen nicht dasselbe, was in der altgriechischen Musik darunter verstanden wurde.)

Der Unterschied von unserer Denkart ist ziemlich groß und kommt uns bei alten Tonstücken empfindlich zum Bewußtsein; dennoch scheint er in dem obigen Schema noch wesentlich bedeutender zu sein, als er in Wirklich= keit ist. Der Verlauf eines in einer Kirchentonart kom=

ponierten Stücks bringt nämlich reichliche Auswahl von Klängen, welche unserem tonartlichen Gefühl entsprechen; denn auch damals hatte man Leittonbedürfnisse und alterierte demgemäß, um zu vollgültigen Schlußwirkungen zu gelangen, die leitereigenen Töne, z. B. c in cis bei der dorischen Tonart (was wir bei unserem moll auch tun, wenigstens der Schreibweise, den Vorzeichnungen gegenüber, ohne daß freilich das Gefühl eines alterierten Tons entsteht; cis z. B. gehört für uns notwendig zur harmonischen Darstellung des d moll, obgleich es nicht vorgezeichnet ist).

Hören wir einen Chor in einer Kirchentonart, so fassen wir das Befremdliche darin als alteriert, als tonartlich zweifelhaft oder modulierend auf — also gerade das, was dem zur „anderen Natur" gewordenen künstlichtonartlichen Denken natürlich sein mochte —, umgekehrt finden wir das natürlich, was damals als alteriert, als Sieg eines harmonischen Bedürfnisses über den tonartlichen Charakter erscheinen konnte. Der harmonische Sinn konnte durch keine Zwangsjacke eines tonartlichen Schemas ganz behindert werden, und so sehen wir nach der energischen Statuierung einer Tonart beim Beginn eines Stücks freieres Schalten, größeren Spielraum für klangliche Rücksichten. Beispiel 86 ist ein Chor von Arcadelt, dessen Anfang auf die dorische Tonart hinweist (g moll mit e und f ist dasselbe wie d moll mit h und c). In kurzem trösten uns die natürlichen Intervalle es und fis. Die für uns befremdlichen Klänge gewinnen bei näherer Vertrautheit mit den Kirchentonarten eine besondere Art von herber Schönheit. Der, vom dorischen Standpunkte aus betrachtet,

künstliche Schluß deckt sich mit unserer natürlichen moll=
Kadenz.

Die Kirchentonarten verschwanden mit J. S. Bach,
der sie nur noch teilweise benützte, und zwar meist
sporadisch in einem Stück, das sonst dem natürlichen
Empfinden Rechnung trägt. Beispiel 87: Der Choral
„Aus tiefer Not schrei ich zu dir“ ist in der phrygischen
Tonart gedacht, und zwar „plagal“, uneigentlich, da er
nicht mit 1 (e), sondern mit 5 (h) beginnt; der Anfang
allein könnte auch auf die hypophrygische Tonart schließen
lassen. In einer Chorfuge über diesen Choral kommt
die Kirchentonart zur Geltung, indem Bach hier f zu der
e moll=Quint h setzt, statt fis: erster Takt. Vom zweiten
Takt an haben wir schon den entschiedenen Eindruck
des a moll, welcher auch das endliche E dur eher als
Abschluß des Stücks auf einer Dominant, als auf der
Tonika E dur erscheinen läßt. Der herrliche Chor ist in
der Sammlung Bachscher Choräle von Erk (Ed. C. F. Peters)
abgedruckt, welche einem Musikbeflissenen nicht abgehen
sollte.

Der berühmte „Plagalschluß“ des Chorals: „Wann
ich einmal soll scheiden“ in der Matthäuspassion (Erk I
Nr. 56, Beispiel 88) hat für uns, die wir bis dahin
C dur zu hören glauben, die Wirkung eines Trugschlusses
mit Modulation, und zwar weniger nach E dur, als nach
a moll, so daß wir einen Halbschluß auf deren Dominant
fühlen. In Wirklichkeit aber wendet sich die Harmonie
am Schluß zu der phrygischen Kirchentonart, in welcher
der Choral ursprünglich gedacht ist (er fängt mit e an
und hört mit e auf) und welche zu Anfang infolge der
C dur=Harmonie nicht zum Bewußtsein kommt. Übrigens
können wir auch bei einstimmigem Vortrag seiner Melodie,

ohne Begleitung, natürlicherweise nur an C dur denken, und interpretieren sowohl das anfängliche als auch das abschließende e als Terz der Tonika.

Unsere heute gebräuchliche moll=Vorzeichnung, welche den Leitton unterdrückt (rein äußerlich!), stammt wohl von der äolischen Tonart; daß wir für a moll nicht gis, für d moll nicht cis und b vorsetzen, mag aber auch den Grund haben, daß man die übermäßige Sekund, als harmonische Unmöglichkeit, nicht gern auf dem Papier sah: wie denn überhaupt in der früheren Schreibweise das lesende Auge übertriebene Rücksichten forderte (es ist darauf wohl auch die bescheidene Notierung langer dissonierender Vorschläge in Gestalt der ängstlichen kleinen Noten zurückzuführen).

Das Charakteristikum der lydischen Tonleiter ist der „Tritonus": der dreimalige Ganztonschritt, f—g; g—a; a—h. Er war verboten und mußte vermieden werden entweder durch die Art der Melodieführung, oder durch Änderung des h in b (wodurch unser F dur erscheint). Die Töne f und h zusammen, oder als Folge (sei es unmittelbar im Sprung f—h oder mittelbar mit durch= gehendem g und a) lassen auf die Dominantharmonie g h d f schließen, f ist somit Septleitton abwärts, h Terz= leitton aufwärts. Dieser Natur der Töne f und h setzt sich ihre Verbindung in der Form der übermäßigen Quart entgegen; $\overline{f}$ ($\overline{g}$ $\overline{a}$) $\overline{h}$ führt aufwärts nach $\overline{c}$; $\overline{h}$ $\overline{a}$ $\overline{g}$ $\overline{f}$ ab= wärts nach $\overline{e}$. Das erstemal kommt der Leitton abwärts (f), das zweitemal der aufwärts (h) um sein Recht; wo= gegen die Verbindung von h und $\overline{f}$ in Form der ver= minderten Quint beiden Tendenzen Rechnung trägt: die Lösung liegt hier in der Mitte, h—$\overline{f}$ aufwärts geht nach

e, f — h abwärts nach c: die entgegengesetzten Richtun=
gen treffen in einem Punkt zusammen, das harmonische
Gefühl ist befriedigt. Der erste der beiden Leittöne muß
freilich zugunsten des zuletzt erklingenden auf den Halb=
tonschritt verzichten, was aber keinen Verzicht auf feinen
Charakter bedeutet. Die verminderten Intervalle sind für
den Gang einer und derselben Stimme angemessen, die
übermäßigen schwierig: Beispiel 89. Eine Art von
„verstecktem Tritonus" enthält die Terzfolge Beispiel 90;
zwar wird er nicht von einer Stimme ausgeführt, aber
das Ohr faßt die Folge zusammen und bezieht das er=
klingende h auf das f der Erinnerung, wonach der
Gang der unteren Stimme aufwärts nach a unnatürlich
scheint, das eben gehörte f bekommt mit dem h Sept=
eigenschaft und wird damit Leitton abwärts. Dieser
Tendenz wird Beispiel 90a gerecht; f geht nach e; die
dazwischenliegende Note g hat nur den Charakter einer
verzögernden Nebennote. Übrigens wird eine Überemp=
findlichkeit, wie solche dem Verbot des Tritonus, vollends
des versteckten zugrund liegt, schon längst ignoriert,
sobald ihre Berücksichtigung das freie melodiöse Leben
behindern würde.

III. Satzregeln, Gebrauch der Umkehrungen.

Für die primitive Harmonisierung der Skalen (Beispiel
11, 11a, α) mußten wir, ihres schlechten Satzes wegen,
um Entschuldigung bitten. Wir wollten dort überhaupt
keinen „Satz" bieten, sondern nur die innere Harmonie=
bedeutung der einzelnen Stufen darstellen. Wollten die
Harmonien von Beispiel 11 den Anspruch auf Akkord=
folgen machen, so wären folgende Fehler zu rügen: von
IV nach V (2. und 3. Takt) geht der Sopran in paralleler

Bewegung mit dem Baß, beidemal aus deſſen Oktav:
Fehler der „Oktavparallelen". Der Alt geht von c nach
d, ebenfalls in gleicher Richtung mit dem Baß, als deſſen
Quint er in beiden Akkorden erſcheint: Fehler der
„parallelen Quintengänge". Beides iſt verboten, als Ar=
mut der Stimmführung und unmittelbare Folge von voll=
kommenen Konſonanzen, welch letztere die äſthetiſche
Forderung des Gegenſatzes außer acht läßt. Der Quinten=
gang f — c nach g — d iſt eigentlich eine bloße Verſchie=
bung der reinen Konſonanz, keine Stimmführung. — Die
„Verdoppelung" einer ganzen melodiſchen Paſſage in der
Oktav iſt etwas anderes; hier iſt, harmoniſch betrachtet,
nur eine Stimme verſtärkt.

„Verdeckte" Oktaven= und Quintengänge entſtehen,
wenn eine Stimme in paralleler Richtung mit einer an=
deren ſich ſo bewegt, daß ſie mit dieſer zuſammen als
deren Oktav (oder Einklang) oder Quint erſcheint, ohne
vorher in demſelben Verhältnis zu ihr geſtanden zu haben.
Im erſten Takt von Beiſpiel 11 führt der Tenor (h — c)
mit dem Baß (g — c) einen „verdeckten" Oktavgang aus.
Solche verdeckte Oktaven und Quinten erlaubt auch der
reine Satz, wenn, wie hier, die eine Stimme ſich nur um
einen Halbton bewegt; für bedenklicher gelten ſie, wenn
es ſich um einen ganzen Ton bei der einen oder gar um
einen Sprung beider Stimmen handelt (immer in gleicher
Richtung natürlich), durch welchen die eine in das Oktav=
oder Quintverhältnis zur andern tritt — z. B. aufwärts

$$\begin{cases} \bar{a} - \bar{\bar{c}} \\ \bar{c} - \bar{\bar{f}}. \end{cases}$$

Das Quintverbot beſchränkt ſich eigentlich auf die
ſolcherweiſe zuſtandekommende reine Quint, und zwar mit

harmonischer, direkter Bedeutung als solche. Ist sie nur unharmonische Durchgangsnote, so entgeht sie leicht auch dem Ohr eines professionellen „Quintenjägers" (welche Kategorie übrigens, gegenüber dem ungeheuren Wachstum des Wildstandes, dem Absterben infolge von Erlahmung bald anheimfallen dürfte). So sind in Beispiel 91 die Quinten zwischen Alt und Tenor (c — h und f — e) ganz unverfänglich. Durchaus löblich sind auch in Beispiel 64e die Quintengänge zwischen Tenor und Baß (Tenor c — h, Baß f — e, beides abwärts). Selbst die Qualität als harmonische Quinten kann sie hier nicht verbieten, denn der erste Akkord f c dis a ist so sehr alterierter Natur, daß ein Konsonanzbewußtsein der in ihm enthaltenen reinen Quint nicht aufkommt: womit der Grund des Quintenverbots wegfällt. Desgleichen ist der Quintengang im 3. Beispiel 11 gg, 3. Takt, fehlerfrei, denn das a des Alts hat keinerlei harmonischen Wert, ist als Nebennote von h deutlich genug, um das Ernstnehmen der Quint d — a zu verhindern (s. auch 11 hh, zweiter Fall).

Es versteht sich, daß die exponierten Stimmen Baß und Sopran am empfindlichsten gegen fehlerhafte Parallelen sind. Am sichersten vermieden werden solche durch „Gegenbewegung", oder durch „Seitenbewegung". Letztere würde besser bezeichnet als einseitige oder geteilte Bewegung; sie entsteht, wenn eine Stimme zu einem ruhenden Ton hin oder von ihm weg sich bewegt.

Übrigens kranken die angeführten „Akkordfolgen" Beispiel 11 an einer allgemeinen Steifheit, wie alle länger fortgesetzten Folgen von Originaldreiklängen. — Die Einführung der Umkehrungen war die Vorbereitung zur Dissonanz! Jede Umkehrung, als unvollkommener Akkord

8*

(ohne den eigentlichen Grundton im Baß), ist unruhig und drängt weiter, hat also Dissonanzwirkung, sie ist gestörte Konsonanz.

Von den Umkehrungen des Dreiklangs wird der Sext=akkord weitaus am häufigsten gebraucht, der Quartsext=akkord aber, als solcher gemeint, sehr selten. — In der Kadenz begriffen wir ihn als (scheinkonsonierenden) Vor=halt zur Dominant; er hat in dieser Eigenschaft seine ziemlich gewohnheitsmäßige Anwendung; sonst kommt er wohl als mehr zufällige Durchgangsbildung vor. Den wirklichen und eigentlich gemeinten Quartsextakkord treffen wir manchmal in Beethovens späteren Werken; er dient dazu, innerhalb einer Entwicklung einen vollwirkenden Schluß zu vermeiden, verzögert den Baßquintschritt; er wirkt dann ähnlich wie eine konsonierende Vorhalts=bildung. Sehr auffallend ist die Umrahmung des a moll=Allegretto der A dur=Symphonie durch den Quartsextakkord der Tonika, mit dem dieser Satz beginnt und unheimlich genug abschließt: Beethoven erfindet immer neue Mittel, um jene Abart des Wohlgefühls und Behagens, welche im Grunde Bequemlichkeit und Gedankenlosigkeit ist, zu verbannen. — Auf höchst geniale Weise aber ver=wertet den Quartsextakkord als Abschluß einzelner Ab=schnitte Liszt in den „Seligkeiten". Dieses wunderbare Werk wird durch den häufigen Gebrauch der Halbkonsonanz wesentlich in der Wirkung gesteigert; gerade die natür=liche „Bodenlosigkeit" der Quartsextlage, hier poetisch verklärt, gibt den Eindruck der Verzückung, des Erd=entrücktseins!

Noch sei eines weiteren Fehlers gedacht: des „Quer=standes". Ein Ton, z. B. e, von irgend einer Stimme gesungen, soll von einer anderen nicht gleich nach=

her in seiner Erhöhung (eis) oder Erniedrigung (es) vorgetragen werden. Der Fehler gegen diese Regel heißt „Querstand". Beispiel 92. Der Wechsel des Geschlechts durch die „kleine Terz" es ist leicht herzustellen, wenn der Sopran sein e nach es führt; für eine andere Stimme dagegen ist das es, vollends in anderer Höhenlage, schwer zu treffen, weil es mit der Erinnerung des e kollidiert. Theoretisch gesagt: die unmittelbare Negation eines bestimmten Tons, z. B. $\bar{e}$ durch $\bar{e}s$, ist genügend deutlich und leicht; schwierig dagegen und ungenügend erscheint uns die mittelbare Negation: $\bar{e}s$ negiert zunächst nicht das $\bar{e}$, sondern dessen (erst zu setzende) Unteroktav e. Der Querstand klingt bedenklich, wo er in reinen und eigentlich gemeinten Originalakkorden auftritt, ist aber bei alterierten Klängen, ferner bei dem Wechsel von harmonischen und melodischen moll=Skalatönen (Beispiel 93), überhaupt bei uneigentlich harmonischen Bestandteilen, alterierten Vorschlags= oder Nebennoten zu gestatten und höchstens von einem milden haut-goût begleitet: Beispiel 94 und 95, letzteres aus einer Bach'schen Choralfuge: „Nun lob, mein' Seel'" (Erk). (Im Tenor gis — h — a: Umschreibung von a; im Baß e — g — f: umschriebenes f, also kein harmonischer Querstand!)

Abschluß. Die genannten Fehler vermeiden zu lernen, gibt dem Schüler der Komposition große Gewandtheit und feinen Tonsinn, musikalisches Gewissen. Die Verbote bestehen, als in der Natur der Harmonie begründet, zu Recht und sollten, nachdem sie gegenüber von früher auf ein vernünftiges Maß reduziert worden sind und mehr positiven Charakter bekommen haben, nur von Nutzen sein. Für den Hörer bietet ihre Kenntnis die Möglich=

keit, entweder das Geschick des Komponisten bei Über=
windung von schwierigen Fällen, bei „Pflichtenkollision“
— oder seine Souveränität bei Ausnahmen zu be=
wundern: um Ausnahmen als solche genießen zu können,
muß man die Regel wissen! Das Wissen um Gut und
Böse aber ist direkt schädlich dann, wenn man dadurch
zum Schulmeister wird, welcher an den gelernten Regeln
den Maßstab zur Schätzung eines Kunstwerks zu haben
glaubt. Mit aller Absicht haben wir das zu vermeiden
gesucht, indem wir gerade Ausnahmen berücksichtigten und
den Blick für neue Bildungen zu öffnen uns Mühe
gaben.

IV. Der Dominantnonakkord.

Seine genauere Besprechung haben wir der obigen
Darstellung nur entzogen, um weiteren Ballast und Auf=
enthalt zu vermeiden. Die Erklärung der Nonakkorde als
Vorhaltsbildungen ist im obigen nach der jetzt herrschenden
Gewohnheit gegeben. Nachträglich möchte ich die Ge=
fahr, als Rückschrittler getadelt zu werden, auf mich
nehmen, und erkläre, daß ich an die Existenz des selb=
ständigen Nonakkords glaube, freilich nur in der Do=
minantform, deren zwingendste Gestaltung er ist.

Der Ton d entwickelt sich ebenso natürlich aus dem
angeschlagenen tiefen c, wie dessen Septe b. Damit ist
der Nonakkord c e g b d vorhanden! Er ist in seiner
Dominanteigenschaft noch klarer und unerbittlicher als
der Septakkord, welch letzterer seiner Bestimmung immer
noch ziemlich leicht ausweichen kann, in einen Nebendrei=
klang, oder in einen anderen Septakkord, oder, durch
Umdeutung, in eine andere Tonart: Beispiel 96. Durch
die None dagegen ist diese Freizügigkeit so gut wie ver=

nichtet — man müßte denn Gewaltsamkeiten wie Bei=
spiel 97 c unverdienten prinzipiellen Wert beilegen. Als
Nonakkord ist die Dominant in ihrer Bewegung zur Tonika
am sichersten gebunden. Die Möglichkeit Beispiel 97 b
spricht nicht dagegen, das es ist nur ungeduldige, aber
natürliche Septe des f a c; auch wäre das Festhalten
der Dominantterz e in die folgende Tonika, wodurch
wir bei den Sequenzen eine Folge von Vorhaltsakkorden
bekamen, hier nicht als Gegenbeweis namhaft zu machen,
denn der natürliche Quintschritt abwärts zur Tonika er=
folgt auch da nicht minder, trotz ihrer gleichzeitigen
Störung.

Zweifellos ist auch der Nonakkord der Dominant
praktisch durch den Oktavvorhalt entstanden. Das
kann aber den Theoretiker nicht hindern, ihn als
natürliche Erscheinung zu betrachten. Er hat sich das
Recht freien Einsatzes schon lang errungen, wie vor
ihm der Septakkord. Ja noch früher mußte sogar
die Konsonanz entdeckt werden; nicht etwa nur die
Terz, sondern die Harmonie überhaupt war ein Er=
eignis, welches erst eintrat, nachdem schon lange (ein=
stimmig) musiziert worden war. Trotzdem ist auch beim
einstimmigen Gesang die Harmonie als treibende Ursache
nicht zu verkennen! Der Theoretiker muß den Weg
der Praxis gerade an seinem Ziel betrachten, die Praxis
kommt durchaus nicht von dem Einfachen her! Eine
Harmonielehre, welche sich auf die Konsonanz gründete,
müßte nach Feststellung des Dreiklangs ratlos stehen
bleiben, sie wüßte nicht zu sagen, warum es eigentlich
„weitergeht"!

Spielen wir für die Folge V 9—I (Beispiel 97)
so, daß der angebliche Vorhalt der Non zur Oktav des

Dominantgrundtons, d zu c, vor dem Eintritt der Tonika regelrecht aufgelöst wird (Beispiel 97 a), so haben wir, genau betrachtet, weniger das Gefühl einer Auflösung durch das nachschlagende c (welches doch den „reineren“ V=Septakkord herstellt!), sondern dieses c macht uns viel eher den Eindruck einer Vorausnahme! Wir nehmen es nicht mehr als Bestandteil der Dominant, nicht als deren Oktav, sondern fühlen, daß es schon dem nächsten Akkord, der Tonika als deren Quint angehört. Wie wäre das möglich, wenn die None wirklich nur die Oktav vor= enthielte? Wie wäre auch nur ein halbbestimmtes, ge= schweige denn ein ganz deutliches Gefühl der Vorausnahme erklärlich, wenn doch die Dissonanz d sich wirklich in die Oktav des Grundtons, in die vollkommenste Konsonanz, ja Identität mit ihm begäbe? Wir fühlen uns gezwungen, die None als originale Dissonanz anzuerkennen! Sie ist die konsequente Folge einer inneren Veränderung, welche mit dem Grundton c vor sich geht und schon in dem Moment beginnt, wo die Terz aus ihm erscheint; das d, die Leugnung des c, ist der natürliche äußerliche Aus= druck dafür, daß der Grundton schon nicht mehr sich selbst angehört.

Die None d bezieht sich nicht mehr auf den Grundton der Dominant, sondern auf das c als die Quint des folgenden Akkords. Haben wir bei der ersten natürlichen Akkordfolge eine innerliche Bewegung, also Dissonanz kon= statiert, welche in dem umgedeuteten gemeinsamen und scheinbar ruhenden Ton lebt, so finden wir in der None die Bestätigung dafür; sie bringt die verborgene Dissonanz zum Vorschein, zum Erklingen, sie zieht damit den Grund= ton c in den Grundton f, welcher ihr Streben nach c, der Quint des neuen Klangs, als deffen Grundton bejaht

und erfüllt. Wir halten also den Einwand gegen die
Originalität des Nonakkords für oberflächlich, daß er ein
überflüssiges Intervall bringe, indem das c, welches als
Forderung in der None liegt, im Baß „schon vorhanden
ist". Es ist eben dieses c nicht vorhanden, ein anderes
als der Grundton c; es ist vielmehr die Quint des im
Grundton als Forderung liegenden f! Derselbe hat sich
in seiner Entwicklung gespalten, so daß ein Teil, die Oktav=
wiederholung c oder seine Oktavdissonanz d, als ruhend
oder sich lösend dem nächsten Akkord als Vorausnahme
zugehört und den anderen Teil, den Grundton c, zur Dar=
stellung von dessen Grundton nötigt. Der Fall Beispiel 98
ist von 98 a nur klanglich, aber nicht dem inneren har=
monischen Wesen nach verschieden.

Wir glauben das Obige zusammenfassen zu dürfen
in den Satz: Der Nonakkord ist natürliche Form, ist der
deutlichste Dominantcharakter, der bestausgebaute Akkord.
Die None (d) dissoniert direkt zum Grundton (c), leug=
net ihn und zwingt ihn zum Quintschritt abwärts; um=
gekehrt rechtfertigt der so erscheinende neue Grundton (f)
der Tonika erst das in der None keimende c als dessen
Quint: die Auflösung des Nonakkords bringt lauter neue
Töne!

Daß der Nonakkord der eigentlichen Weiterbildung
unfähig ist, bedarf noch kurzer Erklärung. Aus dem
Grundton c entwickelt sich nicht nur Septe (b) und None
(d), sondern auch die „Undezim" f. Letzteres ebenfalls
noch als eigenakkordlichen Bestandteil fassen zu wollen,
hieße für uns weniger Konsequenz als Konsequenzmacherei.
Mit dem f in c e g b d f können wir nichts mehr an=
fangen: es fehlt uns das Organ dafür! Es ist uns ent=
weder Vorhalt in den Leitton e, oder harmonisch sinnlose

Vorausnahme der Oktav des Tonikagrundtons, also Oktavwiederholung eines nicht vorhandenen Tons. Im ersten Fall böte die Auflösung nach e nichts Neues, sondern unnötige, ja falsche Leittonverdoppelung; im zweiten Fall aber (wo das f in den neuen Akkord herüber= genommen werden müßte) wäre der Wirkung der ein= treffenden Tonika das Beste genommen, indem ihr Grund= ton durch die schwächere Oktavverjüngung schon verfrüht wurde. Die Undezim bedeutet beidemal kein harmonisch neues Element.

Die vollendete Dominantform läßt die weiteren, aus c natürlicherweise resultierenden Obertöne nicht mehr auf= kommen. Das Dominantgefühl ist das Organ, durch welches die natürliche Harmonie in unser Bewußtsein eintritt und sowohl interpretiert als auch begrenzt wird. — Wenn wir schon in der ein= fachsten Akkordfolge V—I zu Anfang unserer Darstellung ein überharmonisches Moment konstatierten, so erhalten wir mit der jetzigen Fassung nur eine hellere Beleuchtung und Vertiefung jenes Satzes.

Sehr gut ist jedoch der „Undezimakkord" als Vorhalts= bildung zu brauchen, wenn die große Terz des Grundtons durch ihn verzögert wird; ja man kann auf diese Weise, immer mit Weglassung eines unteren Intervalls, noch weiterbauen (s. Beispiel 99), bis die Oktav des Grund= tons als Vorhalt in seine Septe charakterisiert wird. Es ist dies das Schema einer Steigerung auf der Dominant, wie wir eine solche im ersten Satz der 7. Symphonie (E dur) von Bruckner zu bewundern haben: wir bieten sie in Beispiel 100. Sie bildet keinen Orgelpunkt im eigent= lichen Sinn, sondern nur eine einzige Dominantharmonie (V von H dur) mit Vorhaltsveränderungen, so zwar, daß zuletzt die Oktavwiederholung des Grundtons als schneidende Dissonanz erscheint. Es ist die grandioseste Dominantwirkung, ein Phänomen von Spannung, ja von triumphierender, jauchzender Spannkraft!

Daß der Nonakkord der Umkehrungsfähigkeit ermangelt, mag für den Komponisten sehr in Betracht kommen; für den Theoretiker ist es wohl kaum von Belang — es sei denn, daß er diesen Umstand gerade zugunsten dieses völlig satten und deutlichsten Akkords auslegt und eben darin seine Vollkommenheit erblickt —, welche freilich der Praxis hinderlich sein kann.

Der gebräuchliche Oberdominantnonakkord ist in moll eine nicht vollbürtige Akkorderscheinung, beruht auf Vorhaltsbildung, oder Zusammenschweißung der Ober= und Unterdominant; z. B. in c e g b des (f moll) kann g b des als Bestandteil von IV: g b des f angesehen werden. Die

kleine None c — des ist kein natürliches Intervall. — Auch in moll ist die Vorhaltsverschiebung möglich: V 9
f moll: c e g b des;   c — g b des f;
c —— b des f as;   c ——— des f as c
usw.

Bilden wir den eigentlichen moll=Nonakkord, der also Unterdominantbedeutung haben müßte, so verläßt uns in dem Moment, wo die Non sich entwickelt, das moll= und Unterdominantgefühl. Der abwärts gebildete Unter=dominantakkord d — f — as — c; e g b d, welcher an sich

noch den moll=Charakter eines Unterdominantseptakkords wahren kann, wenn ihm auch schon die Umdeutung in eine unvollständige Aufwärtsbildung droht, — erliegt dieser

Umdeutung für das unbefangene Ohr mit Sicherheit, sobald der obere Grundton seine Unternone produziert.
b d f a s c (IV von c moll); c e g b d (IV von d moll)

⟵   ⟵

schlägt um in b d f a s c (V von Es dur); c e g b d;

      ⟶   ⟶

die Unternone usurpiert die Bedeutung des eigentlichen
Grundtons um so leichter, als wir uns schon in die
Auffassung des moll-Dreiklangs g b d als Abwärtsbildung

                   ⟵

erst künstlich einleben mußten, mit Unterdrückung unseres
natürlichen Grundtongefühls. Kostete es doch auch viele
Mühe, bis man sich an den Begriff der „Antipoden"
gewöhnte!) Wo aber die Unterdominantform in klang-
licher Identität mit einer Oberdominant erscheint, wie
bei dem Nonakkord, muß die letztere vollends in unserer
Interpretation des Gehörten den Sieg haben. Trotzdem
ist c e g b d ebenso Unterdominantnonakkord!

Der Nonakkord ist also zwar nicht umkehrungs-, aber
verkehrungsfähig. Er ist zugleich Bild und Gegenbild,
dur und moll; akkordlich die vollkommenste Gestalt, ist
er tonartlich und tongeschlechtlich die unbestimmteste, er ist
als Zwitterding ein Wesen niederster und primitivster
Art. Eine diesem seinem eigensten Charakter entsprechende
Lösung dürfte also in keine bestimmte Tonart und Tonika
führen; c e g b d ist aufwärts Dominant von F dur, abwärts genommen ist es Unterdominant von d moll. Diese
eigentliche Lösung des Nonakkords erhalten wir, indem wir
auch den oberen Grundton als einen solchen berücksichtigen
und ihn den Quartschritt abwärts machen lassen: d — a,
wodurch er oberer Grundton der d moll-Tonika d f a wird.

Die Lösung muß aber das charakteristische Merkmal ver=
schweigen, wodurch die F dur=Tonika sich von derjenigen
von d moll unterscheidet, und so sehen wir bei der natür=

lichen Ausführung der entgegengesetzten, in c e g b d ent=

haltenen Tendenzen die Quint des folgenden Akkords
verschwiegen, wir erhalten nur die Töne f — a, welche
wieder aufwärts oder abwärts betrachtet werden können,
im ersten Fall als F dur=Tonika ohne Oberquint (c),
im zweiten als d moll=Tonika ohne Unterquint (d). Die
Lösung ist vollständig korrekt und konsequent: der Grund=
ton bleibt beidemal nicht liegen, sondern springt um
eine Quart. Die beiden Terzen führen den Halbton=
schritt aus, die Quint (g) als Oberquint von c und zu=
gleich Unterquint von d ist in ihrer indifferenten Natur
erklärt.

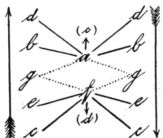

Je nach unserer Auffassung des Nonakkords werden wir
auch das f und a zu einer Tonika vervollständigen und
können die entsprechende Tonikaquint dem resultierenden
f a gleich beifügen. 1. F dur: V 9: c e g b d — I : f a c.

Wir vertiefen damit den obigen Satz: „Das in der None
keimende c wird erst durch den neuen Grundton f ge=

rechtfertigt" — dahin: Der neue Grundton produziert erst dieses c, indem er, als Grundton gefaßt, seine Oberquint entstehen läßt. 2. d moll IV 9 : c e g b d kann sich in die

Tonika d moll lösen: I d f a, indem die Interpretation des Nonakkords als einer Abwärtsbildung auch die Interpretation des neuen Grundtons a als eines oberen Grundtons im Gefolge hat: a produziert seine Unterquint d. Die Akkordfolge c̄ ē ḡ b̿ d̿ — d̄ f ā wird uns durch öfteres Spielen plausibler, wenn sie auch der dur=Lösung c e g b d — f a c immer nachstehen muß. Die Schein= lösung mit liegenbleibendem Dominantgrundton ist da= gegen in moll unverständlich und klingt falsch: c̄ ē ḡ b̿ d̿ — d̄ f ā d̿; in dur ist sie wenigstens ungenügend: c̄ ē ḡ b̿ d̿ — c̄ f a c̿; es ist dies ein weiterer Beweis dafür, daß die None sich schon nicht mehr auf die Oktav ihres Grund= tons, ja nicht einmal auf diesen selbst, sondern auf die Quint des neuen Grundtons der lösenden Tonika bezieht. — Die Möglichkeit des Resultierens der d moll=Tonika aus c e g b d haben wir bisher verschwiegen. Sie steht nicht ihrer, sondern nur unserer Natur gemäß der Lösung nach f a c nach. Unser ganzes Fühlen ist einmal an die Begriffe von oben und unten gekettet — die Natur selbst weiß nichts von unten und oben, sondern nur von An= ziehung und Abstoßung.

Die natürliche Lösung der moll=Unterdominant, ē ḡ b̿ d̿, muß also der None zuvorkommen: ē ḡ b̿ d̿ — d̄ f ā oder f̄ ā d̿; mit der vollständigen Entwicklung der Unterdominantform durch die Unternone c̄· wird sie (für uns) zur Oberdominant. — Überhaupt aber ist das musikalische Leben an die „unvollständigen" Formen geknüpft, welche praktisch nur eine Werterhöhung bedeuten! Vollkommenes Leben der Töne entsteht erst durch Trennung der Tongeschlechter; der Zwitterakkord ist zwar vollständig, aber nicht vollkommen.

Mit dem Septakkord können wir mehr anfangen, gerade weil er unvollständige Dominantbildung ist und das Vorherrschen eines Tongeschlechts markiert.

Die obige Betrachtung zeigt uns, warum d moll Paralleltonart von F dur ist: derselbe tonartlich unbestimmte Nonakkord ist die Oberdominant von F dur und zugleich die Unterdominant von d moll, nicht Konglomerat von V und IV einer und derselben Tonart.

Die „Dissonanz" wird uns jetzt deutlich als die Kollision zweier entgegengesetzter Richtungen: in c e g b
$$\longrightarrow$$
ist die Septe b Bestandteil einer Unterdominantwirkung e g b d, ja diese letztere ist schon in der Leittonterz e
$$\longleftarrow$$
tätig, e ist versteckte Untersepte des oberen Grundtons d, welcher zum unteren c im Verhältnis der zweiten Quint
$$\longleftarrow$$
steht: c—g—d.
$$\longrightarrow$$

In dem obigen Schema sahen wir den Grundton beidemal den Quartschritt ausführen, dieser scheint danach eher das natürliche zu sein. Für uns aber bleibt der Quintschritt abwärts plausibler: c—f abwärts schafft uns mit f neues Grundtongefühl, das c wird in das Grundtonbewußtsein von f als dessen Quint aufgenommen, während es bei dem umgekehrten Schritt: c—f aufwärts noch in der Erinnerung bleibt und dadurch die Wirkung des f als des Grund= und zugleich tiefsten Tons abschwächt.

Schlußwort.

Die Natur gibt uns nicht eine Tonika, sondern die Dominant in doppelter Form; nicht Ziel und Ruhe, sondern die Bewegung zum Ziel: d. h. nicht die Kon= sonanz, sondern die Dissonanz. Erstere wird auf künstliche (oder künstlerische) Weise gewonnen, durch die Kadenz (und ihre Verwertung), welche die abschließende Tonika als solche erst schafft, indem sie deren natürliche Bewegung unwirksam macht. Die Tonika hat ihre Ruhe nur als Einheit ihrer beiden Dominantgegensätze. Die Konsonanz lebt nicht, denn als Forderung — sie geschieht nicht! Die Geschichte der Musik ist die Geschichte der Dissonanz.

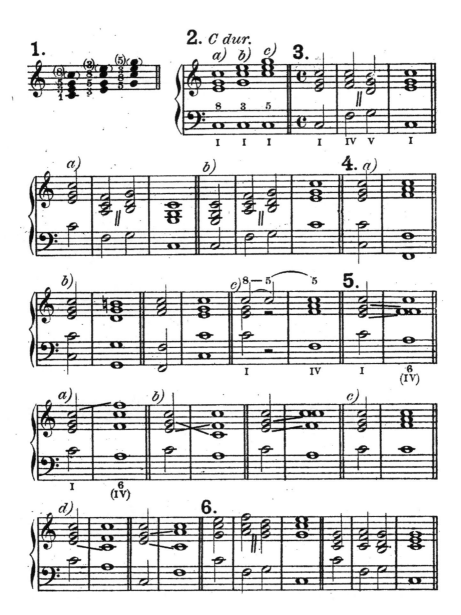

IV

X

(H. Wolf, Dank des Paria.)

68. a) *a moll*   b) *a moll—f moll*   c) *a moll—cis moll*   cc) *des moll*

(Beethoven, Diabelli-Variat., Überleitung in Var. 23.)

ff (Es dur)   *dim.*   *p*   *più p*

(XXIII.)

pp (e moll)   *(C dur)*

(III-V)

69. a) *a moll* b) *c moll* c) *es moll* d) *fis moll* dd) *ges moll*

α) *A dur* β) *As dur* ββ) u.s.w.

81.

82.

XXVI

Sammlung Göschen
Je in elegantem Leinwandband 80 Pf.

G. J. Göschen'sche Verlagshandlung, Leipzig.

Logarithmen. Vierstellige Tafeln und Gegentafeln für logarithmisches und trigonometrisches Rechnen in zwei Farben zusammengestellt von Dr. Hermann Schubert, Professor an der Gelehrtenschule d. Johanneums in Hamburg. Nr. 81.

Logik. Psychologie und Logik zur Einführung in die Philosophie von Dr. Th. Elsenhans. Mit 13 Figuren. Nr. 14.

Luther, Martin, Thom. Murner und das Kirchenlied des 16. Jahrhunderts. Ausgewählt und mit Einleitungen und Anmerkungen versehen von Prof. G. Berlit, Oberlehrer am Nikolaigymnasium zu Leipzig. Nr. 7.

Magnetismus. Theoretische Physik III. Teil: Elektrizität und Magnetismus. Von Dr. Gustav Jäger, Professor an der Universität Wien. Mit 33 Abbild. Nr. 78.

Malerei, Geschichte der, I. II. III. IV. V. von Dr. Rich. Muther, Professor an der Universität Breslau. Nr. 107—111.

Maschinenelemente, Die. Kurzgefaßtes Lehrbuch mit Beispielen für das Selbststudium und den prakt. Gebrauch von Fr. Barth, Oberingenieur in Nürnberg. Mit 86 Fig. Nr. 3.

Maßanalyse von Dr. Otto Röhm in Stuttgart. Nr. 221.

Mathematik, Geschichte der, von Dr. A. Sturm, Professor am Obergymnasium in Seitenstetten. Nr. 226.

Mechanik. Theoret. Physik I. Teil: Mechanik und Akustik. Von Dr. Gustav Jäger, Prof. an der Univ. Wien. Mit 19 Abbild. Nr. 76.

Meereskunde, Physische, von Dr. Gerhard Schott, Abteilungsvorsteher an der Deutschen Seewarte in Hamburg. Mit 28 Abbild. im Text und 8 Tafeln. Nr. 112.

Metalle (Anorganische Chemie 2. Teil) v. Dr. Oskar Schmidt, dipl. Ingenieur, Assistent an der Königl. Baugewerkschule in Stuttgart. Nr. 212.

Metalloide (Anorganische Chemie 1. Teil) von Dr. Oskar Schmidt, dipl. Ingenieur, Assistent an der Kgl. Baugewerkschule in Stuttgart. Nr. 211.

Meteorologie von Dr. W. Trabert, Professor an der Universität Innsbruck. Mit 49 Abbildungen und 7 Tafeln. Nr. 54.

Mineralogie von Dr. R. Brauns, Professor an der Universität Kiel. Mit 130 Abbildungen. Nr. 29.

Minnesang und Spruchdichtung. Walther v. d. Vogelweide mit Auswahl aus Minnesang und Spruchdichtung. Mit Anmerkungen und einem Wörterbuch von Otto Güntter, Professor an der Oberrealschule und an der Techn. Hochschule in Stuttgart. Nr. 23.

Morphologie, Anatomie u. Physiologie der Pflanzen. Von Dr. W. Migula, Prof. a. d. Techn. Hochsch. Karlsruhe. Mit 50 Abbild. Nr. 141.

Murner, Thomas. Martin Luther, Thomas Murner und das Kirchenlied des 16. Jahrh. Ausgewählt und mit Einleitungen und Anmerkungen versehen von Prof. G. Berlit, Oberl. am Nikolaigymn. zu Leipzig. Nr. 7.

Musik, Geschichte der alten und mittelalterlichen, von Dr. A. Möhler. Mit zahlreichen Abbild. und Musikbeilagen. Nr. 121.

Musikalische Formenlehre (Kompositionslehre) v. Stephan Krehl. I. II. Mit vielen Notenbeispielen. Nr. 149. 150.

Musikgeschichte des 17. und 18. Jahrhunderts von Dr. K. Grunsky in Stuttgart. Nr. 239.

— des 19. Jahrhunderts von Dr. K. Grunsky in Stuttgart. I. II. Nr. 164. 165.

Sammlung Göschen

Je in elegantem Leinwandband 80 Pf.

G. J. Göschen'sche Verlagshandlung, Leipzig.

Musiklehre, Allgemeine, v. Stephan Krehl in Leipzig. Nr. 220.

Mythologie, Deutsche, von Dr. Friedrich Kauffmann, Professor an der Universität Kiel. Nr. 15.

— **Griechische und römische,** von Dr. Herm. Steuding, Professor am Kgl. Gymnasium in Wurzen. Nr. 27.

— siehe auch: Heldensage.

Nautik. Kurzer Abriß des täglich an Bord von Handelsschiffen angewandten Teils der Schiffahrtskunde. Von Dr. Franz Schulze, Direktor der Navigations-Schule zu Lübeck. Mit 56 Abbildungen. Nr. 84.

Nibelunge, Der, Not in Auswahl und Mittelhochdeutsche Grammatik mit kurzem Wörterbuch von Dr. W. Golther, Professor an der Universität Rostock. Nr. 1.

— — siehe auch: Leben, Deutsches, im 12. Jahrhundert.

Nutzpflanzen von Prof. Dr. J. Behrens, Vorst. d. Großh. landwirtschaftlichen Versuchsanstalt Augustenberg. Mit 53 Figuren. Nr. 123.

Pädagogik im Grundriß von Professor Dr. W. Rein, Direktor des Pädagogischen Seminars an der Universität Jena. Nr. 12.

— **Geschichte der,** von Oberlehrer Dr. H. Weimer in Wiesbaden. Nr. 145.

Paläontologie v. Dr. Rud. Hoernes, Prof. an der Universität Graz. Mit 87 Abbildungen. Nr. 95.

Perspektive nebst einem Anhang üb. Schattenkonstruktion und Parallelperspektive von Architekt Hans Freyberger, Oberlehrer an der Baugewerkschule Köln. Mit 88 Abbild. Nr. 57.

Petrographie von Dr. W. Bruhns, Prof. a. d. Universität Straßburg i. E. Mit 15 Abbild. Nr. 173.

Pflanze, Die, ihr Bau und ihr Leben von Oberlehrer Dr. E. Dennert. Mit 96 Abbildungen. Nr. 44.

Pflanzenbiologie von Dr. W. Migula, Prof. a. d. Techn. Hochschule Karlsruhe. Mit 50 Abbild. Nr. 127.

Pflanzen-Morphologie, -Anatomie und -Physiologie von Dr. W. Migula, Professor an der Techn. Hochschule Karlsruhe. Mit 50 Abbildungen. Nr. 141.

Pflanzenreich, Das. Einteilung des gesamten Pflanzenreichs mit den wichtigsten und bekanntesten Arten von Dr. F. Reinecke in Breslau und Dr. W. Migula, Professor an der Techn. Hochschule Karlsruhe. Mit 50 Figuren. Nr. 122.

Pflanzenwelt, Die, der Gewässer von Dr. W. Migula, Prof. an der Techn. Hochschule Karlsruhe. Mit 50 Abbildungen. Nr. 158.

Pharmakognosie. Von Apotheker F. Schmitthenner, Assistent am Botan. Institut der Technischen Hochschule Karlsruhe. Nr. 251.

Philosophie, Einführung in die. Psychologie und Logik zur Einführ. in die Philosophie von Dr. Th. Elsenhans. Mit 13 Fig. Nr. 14.

Photographie. Von Prof. H. Keßler, Fachlehrer an der k. k. Graphischen Lehr- und Versuchsanstalt in Wien. Mit 4 Tafeln und 52 Abbild. Nr. 94.

Physik, Theoretische, I. Teil: Mechanik und Akustik. Von Dr. Gustav Jäger, Professor an der Universität Wien. Mit 19 Abbild. Nr. 76.

— — II. Teil: Licht und Wärme. Von Dr. Gustav Jäger, Professor an der Univ. Wien. Mit 47 Abbild. Nr. 77.

— — III. Teil: Elektrizität und Magnetismus. Von Dr. Gustav Jäger, Prof. an der Universität Wien. Mit 33 Abbild. Nr. 78.

Physikalische Aufgabensammlung von G. Mahler, Prof. d. Mathem. u. Physik am Gymnasium in Ulm. Mit den Resultaten. Nr. 243.

Physikalische Formelsammlung von G. Mahler, Prof. am Gymnasium in Ulm. Nr. 136.

Sammlung Göschen

Je in elegantem Leinwandband **80 Pf.**

G. J. Göschen'sche Verlagshandlung, Leipzig.

Plastik, Die, des Abendlandes von Dr. Hans Stegmann, Konservator am German. Nationalmuseum zu Nürnberg. Mit 23 Tafeln. Nr. 116.

Poetik, Deutsche, von Dr. K. Borinski, Dozent a. d. Univ. München. Nr. 40.

Posamentiererei. Textil-Industrie II: Weberei, Wirkerei, Posamentiererei, Spitzen- und Gardinenfabrikation und Filzfabrikation von Professor Max Gürtler, Direktor der Königl. Techn. Zentralstelle für Textil-Ind. zu Berlin. Mit 27 Fig. Nr. 185.

Psychologie und Logik zur Einführ. in die Philosophie, von Dr. Th. Elsenhans. Mit 13 Fig. Nr. 14.

Psychophysik, Grundriß der, von Dr. G. F. Lipps in Leipzig. Mit 3 Figuren. Nr. 98.

Rechnen, Kaufmännisches, von Richard Just, Oberlehrer an der Öffentlichen Handelslehranstalt der Dresdener Kaufmannschaft. I. II. III. Nr. 139. 140. 187.

Rechtslehre, Allgemeine, von Dr. Th. Sternberg in Charlottenburg. I: Die Methode. Nr. 169.

— II: Das System. Nr. 170.

Redelehre, Deutsche, v. Hans Probst, Gymnasialprofessor in Bamberg. Mit einer Tafel. Nr. 61.

Religionsgeschichte, Indische, von Professor Dr. Edmund Hardy. Nr. 83.

— — siehe auch Buddha.

Religionswissenschaft, Abriß der vergleichenden, von Prof. Dr. Th. Achelis in Bremen. Nr. 208.

Roman. Geschichte d. deutschen Romans von Dr. Hellmuth Mielke. Nr. 229.

Russisch-Deutsches Gesprächsbuch von Dr. Erich Berneker, Professor an der Universität Prag. Nr. 68.

Russisches Lesebuch mit Glossar von Dr. Erich Berneker, Professor an der Universität Prag. Nr. 67.

— — siehe auch: Grammatik.

Sachs, Hans. Ausgewählt und erläutert von Prof. Dr. Julius Sahr. Nr. 24.

Schattenkonstruktionen v. Prof. J. Vonderlinn in Breslau. Mit 114 Fig. Nr. 236.

Schmarotzer u. Schmarotzertum in der Tierwelt. Erste Einführung in die tierische Schmarotzerkunde v. Dr. Franz v. Wagner, a. o. Prof. a. d. Univers. Gießen. Mit 67 Abbildungen. Nr. 151.

Schulpraxis. Methodik der Volksschule von Dr. R. Seyfert, Schuldir. in Ölsnitz i. V. Nr. 50.

Simplicius Simplicissimus von Hans Jakob Christoffel v. Grimmelshausen. In Auswahl herausgegeb. von Prof. Dr. F. Bobertag, Dozent an der Universität Breslau. Nr. 138.

Soziologie von Prof. Dr. Thomas Achelis in Bremen. Nr. 101.

Spitzenfabrikation. Textil-Industrie II: Weberei, Wirkerei, Posamentiererei, Spitzen- und Gardinenfabrikation und Filzfabrikation von Professor Max Gürtler, Direktor der Königl. Technischen Zentralstelle für Textil-Industrie zu Berlin. Mit 27 Figuren. Nr. 185.

Sprachdenkmäler, Gotische, mit Grammatik, Übersetzung und Erläuterungen v. Dr. Herm. Jantzen in Breslau. Nr. 79.

Sprachwissenschaft, Germanische, von Dr. Rich. Loewe in Berlin. Nr. 238.

— **Indogermanische,** v. Dr. R. Meringer, Prof. a. d. Univ. Graz. Mit einer Tafel. Nr. 59.

— **Romanische,** von Dr. Adolf Zauner, Privatdozent an der Universität Wien. I: Lautlehre u. Wortlehre I. Nr. 128.

— — II: Wortlehre II u. Syntax. Nr. 250.

Stammeskunde, Deutsche, von Dr. Rudolf Much, a. o. Professor an d. Universität Wien. Mit 2 Karten und 2 Tafeln. Nr. 126.

Sammlung Göschen

Je in elegantem Leinwandband **80 Pf.**

G. J. Göschen'sche Verlagshandlung, Leipzig.

Sammlung Göschen

Je in elegantem Leinwandband **80 Pf.**

G. J. Göschen'sche Verlagshandlung, Leipzig.

Volkswirtschaftspolitik von Geh. Regierungsrat Dr. R. van der Borght, Präsident des Statistischen Amtes in Berlin. Nr. 177.

Waltharilied, Das, im Versmaße der Urschrift übersetzt und erläutert von Prof. Dr. H. Althof, Oberlehrer a. Realgymnasium i. Weimar. Nr. 46.

Walther von der Vogelweide mit Auswahl aus Minnesang u. Spruchdichtung. Mit Anmerkungen und einem Wörterbuch von Otto Günter, Prof. a. d. Oberrealschule und a. d. Techn. Hochsch. in Stuttgart. Nr. 23.

Warenkunde, von Dr. Karl Hassack, Professor an der Wiener Handelsakademie. I. Teil: Unorganische Waren. Mit 40 Abbildungen. Nr.222.

— **II. Teil: Organische Waren.** Mit 36 Abbildungen. Nr. 223.

Wärme. Theoretische Physik II. Teil: Licht und Wärme. Von Dr. Gustav Jäger, Professor an der Universität Wien. Mit 47 Abbild. Nr. 77.

Wärmelehre, Technische, (Thermodynamik) von K. Walther u. M. Röttinger, Dipl.-Ingenieuren. Mit 54 Figuren. Nr. 242.

Wäscherei. Textil-Industrie III: Wäscherei, Bleicherei, Färberei und ihre Hilfsstoffe von Dr. Wilh. Massot, Lehrer an der Preuß. höh. Fachschule für Textilindustrie in Krefeld. Mit 28 Fig. Nr. 186.

Weberei. Textil-Industrie II: Weberei, Wirkerei, Posamentiererei, Spitzen- und Gardinenfabrikation und Filzfabrikation von Professor Max Gürtler, Direktor der Königl. Techn. Zentralstelle für Textil-Industrie zu Berlin. Mit 27 Figuren. Nr. 185.

Wechselkunde von Dr. Georg Funk in Mannheim. Mit vielen Formularen. Nr. 103.

Wirkerei. Textil-Industrie II: Weberei, Wirkerei, Posamentiererei, Spitzen- und Gardinenfabrikation und Filzfabrikation von Professor Max Gürtler, Direktor der Königl. Technischen Zentralstelle für Textil-Industrie zu Berlin. Mit 27 Fig. Nr. 185.

Wolfram von Eschenbach. Hartmann v. Aue, Wolfram v. Eschenbach und Gottfried von Straßburg. Auswahl aus dem höf. Epos mit Anmerkungen u. Wörterbuch v. Dr. K. Marold, Prof. a. Kgl. Friedrichskolleg. z. Königsberg i. Pr. Nr. 22.

Wörterbuch nach der neuen deutschen Rechtschreibung von Dr. Heinrich Klenz. Nr. 200.

— **Deutsches,** von Dr. Ferd. Detter, Prof. an d. Universität Prag. Nr. 64.

Zeichenschule von Prof. K. Kimmich in Ulm. Mit 17 Tafeln in Ton-, Farben- und Golddruck u. 135 Voll- und Textbildern. Nr. 39.

Zeichnen, Geometrisches, von H. Becker, Architekt und Lehrer an der Baugewerkschule in Magdeburg, neu bearb. v. Prof. J. Vonderlinn, diplom. und staatl. gepr. Ingenieur in Breslau. Mit 290 Fig. und 23 Tafeln im Text. Nr. 58.

Zuckerindustrie, Die, von Dr. ing. Ernst Leher, Assistent am Chem. Institut der Universität Bonn. Mit 11 Fig. Nr. 253.

ammlung Gö...

G. J. Göschen'sche Ver...

Sammlung Göschen
Je in elegantem Leinwandband 80 Pf.

G. J. Göschen'sche Verlagshandlung, Leipzig.

...ometrie, Analytische, der Ebene v. Professor Dr. M. Simon in Straßburg. Mit 57 Figuren. Nr. 65.

— **Aufgabensammlung zur Analyt. Geometrie der Ebene** von O. Th. Bürklen, Professor am Realgymnas. in Schw.-Gmünd. Mit 32 Figuren. Nr. 256.

Analytische, des Raumes von Prof. Dr. M. Simon in Straßburg. Mit 28 Abbildungen. Nr. 89.

Darstellende, v. Dr. Rob. Haußner, Prof. a. d. Techn. Hochschule Karlsruhe. I. Mit 110 Figuren. Nr. 142.

Ebene, von G. Mahler, Professor am Gymnasium in Ulm. Mit 111 zweifarb. Fig. Nr. 41.

Projektive, in synthet. Behandlung von Dr. Karl Doehlemann, Prof. an der Universität München. Mit 85 zum Teil zweifarb. Figuren. Nr. 72.

...schichte, Badische, von Dr. Karl Brunner, Prof. am Gymnasium in Pforzheim und Privatdozent der Geschichte an der Techn. Hochschule in Karlsruhe. Nr. 230.

Bayerische, von Dr. Hans Ockel in Augsburg. Nr. 160.

des Byzantinischen Reiches von Dr. K. Roth in Kempten. Nr. 190.

Deutsche, im Mittelalter (bis 1500) von Dr. F. Kurze, Oberl. am Kgl. Luisengymn. in Berlin. Nr. 33.

— **im Zeitalter der Reformation u. der Religionskriege** von Dr. F. Kurze, Oberlehrer am Kgl. Luisengymnasium in Berlin. Nr. 34.

Französische, von Dr. R. Sternfeld, Prof. a. d. Univers. Berlin. Nr. 85.

Griechische, von Dr. Heinrich Swoboda, Professor an der deutschen Universität Prag. Nr. 49.

des 19. Jahrhunderts v. Oskar Jäger, o. Honorarprofessor an der Univers. Bonn. 1. Bdchn.: 1800—1852. Nr. 216.

Geschichte des 19. Jahrhunderts von Oskar Jäger, o. Honorarprof. an der Universität Bonn. 2. Bdchn.: 1853 bis Ende d. Jahrh. Nr. 217.

— **Israels** bis auf die griech. Zeit von Lic. Dr. J. Benzinger. Nr. 231.

— **Lothringens,** von Dr. Herm. Derichsweiler, Geh. Regierungsrat in Straßburg. Nr. 6.

— **des alten Morgenlandes** von Dr. Fr. Hommel, Prof. a. d. Univers. München. M. 6 Bild. u. 1 Kart. Nr. 43.

— **Österreichische, I:** Von der Urzeit bis 1526 von Hofrat Dr. Franz von Krones, Prof. a. d. Univ. Graz. Nr. 104.

— **II:** Von 1526 bis zur Gegenwart von Hofrat Dr. Franz von Krones, Prof. an der Univ. Graz. Nr. 105.

— **Römische,** neubearb. von Realgymnasial-Dir. Dr. Jul. Koch. Nr. 19.

— **Russische,** v. Dr. Wilh. Reeb, Oberl. am Ostergymnasium in Mainz. Nr. 4.

— **Sächsische,** von Prof. Otto Kaemmel, Rektor des Nikolaigymnasiums zu Leipzig. Nr. 100.

— **Schweizerische,** von Dr. K. Dändliker, Prof. a. d. Univ. Zürich. Nr. 188.

— **der Malerei** siehe: Malerei.

— **der Mathematik** s.: Mathematik.

— **der Musik** siehe: Musik.

— **der Pädagogik** siehe: Pädagogik.

— **des deutschen Romans** s.: Roman.

— **der deutschen Sprache** siehe: Grammatik, Deutsche.

Gesundheitslehre. Der menschliche Körper, sein Bau und seine Tätigkeiten, von E. Rebmann, Oberrealschuldirektor in Freiburg i. B. Mit Gesundheitslehre von Dr. med. H. Seiler. Mit 47 Abb. u. 1 Taf. Nr. 18.

Gewerbewesen von Werner Sombart, Professor an d. Universität Breslau. I. II. Nr. 203. 204.

Sammlung Göschen

Je in elegantem Leinwandband **80 Pf.**

G. J. Göschen'sche Verlagshandlung, Leipzig.

Gletscherkunde von Dr. Fritz Machaček in Wien. Mit 5 Abbild. im Text und 11 Tafeln. Nr. 154.

Gottfried von Straßburg. Hartmann von Aue, Wolfram von Eschenbach u. Gottfried von Straßburg. Auswahl aus dem höf. Epos mit Anmerkungen und Wörterbuch von Dr. K. Marold, Prof. am Kgl. Friedrichskollegium zu Königsberg i. Pr. Nr. 22.

Grammatik, Deutsche, und kurze Geschichte der deutschen Sprache von Schulrat Professor Dr. O. Lyon in Dresden. Nr. 20.

— **Griechische, I:** Formenlehre von Dr. Hans Meltzer, Professor an der Klosterschule zu Maulbronn. Nr. 117.

— — **II:** Bedeutungslehre und Syntax von Dr. Hans Meltzer, Professor an der Klosterschule zu Maulbronn. Nr. 118.

— **Lateinische.** Grundriß der lateinischen Sprachlehre von Professor Dr. W. Votsch in Magdeburg. Nr. 82.

— **Mittelhochdeutsche.** Der Nibelunge Nôt in Auswahl und mittelhochdeutsche Grammatik mit kurzem Wörterbuch von Dr. W. Golther, Prof. a. d. Universität Rostock. Nr. 1.

— **Russische,** von Dr. Erich Berneker, Professor an der Universität Prag. Nr. 66.

— — siehe auch: Russisches Gesprächsbuch. — Lesebuch.

Handelskorrespondenz, Deutsche, von Prof. Th. de Beaux, Oberlehrer an der Öffentlichen Handelslehranstalt und Lektor an der Handelshochschule zu Leipzig. Nr. 182.

— **Englische,** von E. E. Whitfield, M. A., Oberlehrer an King Edward VII Grammar School in King's Lynn. Nr. 237.

Handelskorrespondenz, Französische, von Professor Th. de Beaux, Oberlehrer a. d. Öffentlichen Handelslehranstalt u. Lektor an der Handelshochschule zu Leipzig. Nr. 183.

— **Italienische,** von Professor Alberto de Beaux, Oberlehrer am Kgl. Institut S. S. Annunziata in Florenz. Nr. 219.

Handelspolitik, Auswärtige, von Dr. Heinr. Sieveking, Prof. an der Universität Marburg. Nr. 245.

Harmonielehre von A. Halm. Mit vielen Notenbeilagen. Nr. 120.

Hartmann von Aue, Wolfram von Eschenbach und Gottfried von Straßburg. Auswahl aus dem höfischen Epos mit Anmerkungen und Wörterbuch von Dr. K. Marold, Professor am Königlichen Friedrichskollegium zu Königsberg i. Pr. Nr. 22.

Hauptliteraturen, Die, d. Orients v. Dr. M. Haberlandt, Privatdoz. a. d. Universität Wien. I. II. Nr. 162. 163.

Heldensage, Die deutsche, von Dr. Otto Luitpold Jiriczet, Prof. an der Universität Münster. Nr. 32.

— siehe auch: Mythologie.

Herder, Der Cid. Geschichte des Don Ruy Diaz, Grafen von Bivar. Herausgeg. u. erläutert von Prof. Dr. Ernst Naumann in Berlin. Nr. 36.

Industrie, Anorganische Chemische, v. Dr. Gust. Rauter in Charlottenburg. I: Die Leblancsodaindustrie und ihre Nebenzweige. Mit 12 Tafeln. Nr. 205.

— — **II:** Salinenwesen, Kalisalze, Düngerindustrie und Verwandtes. Mit 6 Tafeln. Nr. 206.

— — **III:** Anorganische Chemische Präparate. Mit 6 Tafeln. Nr. 207.

— **der Silikate, der künstl. Bausteine und des Mörtels. I:** Glas- und keramische Industrie von Dr. Gustav Rauter in Charlottenburg. Mit 12 Tafeln. Nr. 233.

— — **II:** Die Industrie der künstlichen Bausteine und des Mörtels. Mit 12 Tafeln. Nr. 234.

This book is due at the **MUSIC LIBRARY** on the last date stamped under "Date Due." If not on hold, it may be renewed by bringing it to the library.

Lightning Source UK Ltd.
Milton Keynes UK
UKHW051215030219
336548UK00005BA/164/P